KLARTEXT

Katrin Martens (Hg.)

OMA & OPA, ERZÄHLT DOCH MAL!

**Mit freundlicher Unterstützung
durch die Stiftung Presse-Haus NRZ**

IMPRESSUM

3. Auflage Februar 2017

Redaktion:
Katrin Martens

Satz und Gestaltung:
Volker Pecher, Essen

Umschlaggestaltung:
Nathalie Funken,
FUNKE Medien NRW, Essen

Bilder Umschlag:
Wilma Duckwitz
Johanna Strasdat

Druck/Bindung:
Multiprint GmbH,
Kostinbrod 2230,
Slavianska Str. 10 A,
Bulgarien

Klartext Verlag, Essen

KLARTEXT

Jakob Funke Medien
Beteiligungs GmbH & Co. KG
Friedrichstraße 34–38,
45128 Essen
info@klartext-verlag.de,
www.klartext-verlag.de

ISBN 978-3-8375-1366-0

Bibliografische Information der Deutschen Nationalbibliothek
Die Deutsche Nationalbibliothek verzeichnet diese Publikation in der Deutschen Nationalbibliografie; detaillierte bibliografische Daten sind im Internet über www.dnb.de abrufbar.

ALLTAG

SCHULE

SPIELEN

KLEIDUNG

IM GARTEN

FREIZEIT

BRÄUCHE

FERN DER HEIMAT

VORWORT

Liebe Leserinnen, liebe Leser,

„Oma, wie war das eigentlich damals, als du klein warst?" „Opa, erzähl doch mal von früher!" Kinder sind neugierig, und sie hören gern Geschichten. Und wer könnte sie besser erzählen als ihre Großeltern? Sie sind aufgewachsen in einer Zeit, als es noch keine Computer und Smartphones gab, in einer Zeit vieler Entbehrungen, aber auch vieler Freiheiten.

Für die NRZ-Serie „Oma & Opa, erzählt doch mal!" haben 45 Großeltern ihre ganz persönlichen Geschichten aufgeschrieben. Sie erzählen von flauschigen Küken, die im Garten schlüpften, von Glanzbildern, die auf dem Schulhof getauscht wurden, und von so manchem Streich, den sie ihren Lehrern gespielt haben. Die Jungen liebten es, mit Murmeln zu knickern oder im Winter über die vereisten Straßen zu schlindern, die Mädchen versorgten innig ihre Puppen oder fütterten die Kaninchen im Stall. Das Leben fand draußen statt, auf der Straße, wo noch der Milchmann entlangfuhr und abends der Laternenanzünder kam. Da konnte es passieren, dass man sich das Knie aufschlug oder das Kleid einen Riss bekam – sehr zum Missfallen der Mutter.

Was Omas und Opas erzählen, ist ein Stück Zeitgeschichte, nicht nur für ihre Enkelinnen und Enkel, sondern für alle, die die Erinnerung an frühere Zeiten wach halten möchten. Wir freuen uns, dass so viele spannende, lustige, aber auch traurige Geschichten den Weg in dieses Buch gefunden haben, noch dazu mit so vielen anrührenden Fotos. Unser herzlicher Dank gilt allen Großeltern, die sich beteiligt haben.

Viel Vergnügen bei der Zeitreise in die Vergangenheit!

Ihre Katrin Martens

Katrin Martens und ihre
Oma Hildegard

ALLTAG

Viele Familien lebten nach dem Krieg
in Trümmern, erst langsam startete
der Wiederaufbau. In der entbehrungsreichen
Zeit ging es vor allem darum zu organisieren,
etwa Lebensmittel oder Kohlen.
Und ein Waschtag war Knochenarbeit.

ALLTAG

Johanna Strasdat, Jahrgang 1942, aus Essen

EINE SCHIEFERTAFEL MIT SCHWÄMMCHEN

Johanna Strasdat erinnert sich an die Kleidung ihrer Kindheit und an ihre Schulzeit.

Wir Mädchen hatten damals immer ein Kleid an. Das gab's nicht, dass Mädchen Hosen trugen. Über dem Kleid trugen wir eine Schürze, als Schutz für das Kleid. Mit diesen Schürzen konnte man wunderbar turnen. Wir hatten zum Beispiel bei uns zu Hause einen Fußballplatz mit einer Absperrung drumherum. An die Stangen des Zauns haben wir uns immer mit den Schürzen drangehängt. Zu den Kleidern trugen wir weiße Kniestrümpfe.

Im Winter hatten wir lange Wollstrümpfe an. Sie gingen bis zum Oberschenkel und wurden mit Gummibändern an einem Leibchen befestigt. Das war eine Art Hemd unter dem Kleid. Die Jungen trugen immer kurze Stoffhosen mit Hosenträgern. Auch sie trugen im Winter die langen Strümpfe. Ich fand, sie kratzten sehr.

Meine erste Puppe bekam ich erst, als ich vier Jahre alt war. Mein Vater hatte sie für mich gemacht. Die Puppe hatte einen holzgeschnitzten Kopf, auf den mein Vater die Haare und das Gesicht aufgemalt hat, und einen Körper aus Stoff. Meine Oma hatte ein Kleid für die Puppe genäht. Ich habe mich über die Puppe aber nicht besonders gefreut, weil sie im Gesicht nicht wie ein

Johanna steht an dem Kinderwagen, in dem sie herumgefahren wurde

Johanna (M.) mit ihrem Cousin Karl, ihrer Cousine Rosemarie und ihren Brüdern Eberhard und Walter (v.l.)

Unsere Lehrerin hieß Fräulein Saborowski. Alle sechs- bis 14-jährigen Kinder wurden gemeinsam in einer Klasse unterrichtet. Die Schule war nur eine Baracke. Die evangelischen Kinder hatten einen Klassenraum, die katholischen Kinder zwei. Wegen des Platzmangels war vor- und nachmittags Unterricht.

Fräulein Saborowski hatte einen Knoten im Haar und war sehr energisch. Sie hat es geschafft, die Klasse in Schach zu halten. Um Lesen zu lernen, hatten wir eine Fibel. An diese Sätze in der Fibel kann ich mich noch erinnern: „So ein Nebel! Wo ist das Haus? Wo ist der Baum?" Auf die Rechtschreibung wurde damals viel Wert gelegt.

Fürs Rechnen hatten wir kein Buch. Wir haben nicht nur Lesen, Schreiben und alle vier Grundrechenarten gelernt, sondern hatten auch Handarbeitsunterricht. Ich habe dort Sticken, Stricken, Nähen und Häkeln gelernt. Meine Schulfreundinnen hießen Gisela und Hanne.

Alle Nachbarskinder sind gemeinsam zur Schule gegangen. Der Schulweg war nicht weit, nur etwa 500 Meter. Auf dem Weg gab es eine Müllkippe, die zum Spielen gut geeignet war. Die Jungs haben immer viele Streiche gemacht. Da wohnte zum Beispiel eine Frau, die immer Zeitungen mit dem Fahrrad ausgetragen hat. Wir haben sie „Hutata" genannt. Die Jungs ließen manchmal die Luft aus ihren Fahrradreifen heraus.

Kind, sondern wie ein Erwachsener aussah. Später habe ich dann eine richtige Puppe bekommen.

In der Schule saßen wir an einem Pult aus Holz. Zum Schreiben hatten wir keine Hefte, sondern eine Schiefertafel. Auf der Vorderseite waren Linien, auf der Rückseite Kästchen zum Rechnen. Mit einem Griffel haben wir auf der Tafel geschrieben. Wenn wir die Tafel vollgeschrieben hatten, hat unsere Lehrerin alles kontrolliert. Um alles wieder wegzuwischen, hatten wir ein feuchtes Schwämmchen und ein trockenes Tuch. Man musste gut auf die Schiefertafel aufpassen, weil sie leicht kaputt gehen konnte. Meine ist immer heil geblieben.

In der Schule saß Johanna an einem Pult aus Holz

Inge Timmerhaus,
Jahrgang 1940,
aus Gelsenkirchen

„ES GAB KAUM ETWAS ZU ESSEN“

Inge Timmerhaus erzählt von den schweren Zeiten, als der Zweite Weltkrieg gerade zu Ende war, und von den Tieren in ihrem Garten.

Als der Krieg zu Ende war, war ich fünf Jahre alt. Wir hatten uns in unserer kaputten Wohnung notdürftig eingerichtet und waren froh, dass wir nicht mehr mehrmals am Tag und auch nachts in aller Eile zum Bunker rennen mussten, um uns vor den Luftangriffen zu schützen. Man konnte endlich wieder ruhig schlafen.

Das Schlimmste war allerdings, dass es nichts zu essen gab, auch in den Geschäften konnte man nichts kaufen. Meine Oma hatte auf dem Hof ein Stück Land umgegraben, aber von ein paar Möhren, Kohlrabi etc. wurde man nicht satt. Da fasste Oma den Plan, im Münsterland bei Bauern hamstern zu gehen. Sie machte sich mit einem großen Rucksack, in dem sie unser gutes Besteck und Bettwäsche verstaut hatte, auf den Weg zum schon überfüllten Zug. Sie wollte die Gegenstände bei den Bauern gegen Lebensmittel eintauschen. Betteln wollte sie nicht.

Der Erfolg war unterschiedlich: Einmal war der Rucksack voller Kartoffeln, einmal gab es Äpfel und ein paar Speckschwarten oder ein Stückchen Wurst. Es kam auch vor, dass zu viele Leute aus den Städten aufs Land fuhren und Oma nichts mehr bekam außer dreimal hintereinander einen Teller Bohnensuppe mit Speck, ihrem Lieblingsgericht, den sie aber sofort aufessen musste.

1946 kam ich in die Volksschule. Da gab es wenigstens für uns Kinder eine warme Mahlzeit. Meine Mutter machte aus einer Konservendose einen Henkelmann. Sie befestigte daran einen Draht, wie bei einem Eimer. Dazu bekam ich einen Löffel und hatte somit ein Essgeschirr. Am beliebtesten war bei den Schülern Milchsuppe mit Nudeln oder sogar Kakao. Wenn es die gab, wollten immer alle Kinder einen Nachschlag.

In den Jahren 1946 bis 1950 – damals war ich sechs bis zehn Jahre alt – konnte man nicht so viel zu essen kaufen. Man musste für Lebensmittel oft stundenlang in den Geschäften anstehen. In unserem Stall im Hof gackerten zehn Hühner, die Eier legten. Später, wenn sie älter waren, kamen sie in den Topf.

Einmal hatte meine Oma eine Glucke gesetzt. Das ist ein Huhn, das auf seinen Eiern so lange brütet, bis kleine Küken schlüpfen. Aus zwölf Eiern kamen aber nur sechs Küken, die anderen Eier waren unbefruchtet. Ein Nachbar gab uns fünf Küken von sich dazu, weil er zu viele hatte.

Die Hühnermutter wollte die fremden Küken aber nicht und pickte nach ihnen. Deshalb steckte Oma sie mit den Küken in einen Karton, den sie mit einer Decke verdunkelte. Aus Angst, sie könnte in der Dunkelheit ihre eigenen Kinder picken, war die Hühnermutter nun ganz lieb zu ihnen.

Die Hühner teilten sich den Platz im Stall mit sechs Kaninchen. Die Häsin hatte zu viele Junge bekommen, die sie gar nicht alle säugen konnte. Wir holten die Kleinen zweimal am Tag in einer Tasche in die Wohnung, wo wir sie mit Haferschleim aus einer kleinen Liebesperlenflasche fütterten. Als wir sie zurück in den Stall brachten, nahm die Mutter sie liebevoll in Empfang. Sie muss gemerkt haben, dass wir ihre Kleinen gefüttert hatten.

Inge auf einer Schaukel im Garten

Die Kaninchen wurden von Inge (M.) und ihrer Mutter mit der Flasche gefüttert

Inges Mutter unternahm mit ihrer Tochter (l.) und Freundin Christa ab und zu einen Ausflug

Monika Burmeister,
Jahrgang 1943,
aus Kleve

MIT DER TORTE IN DER STRASSENBAHN

Monika Burmeisters Vater starb im Zweiten Weltkrieg in Russland. Ein paar Jahre nach Kriegsende kam sie in die Schule. In ihrer Kindheit spielte eine Konditorei eine wichtige Rolle.

Da meine Mutter berufstätig war, wurde ich sehr selbstständig erzogen. Mein Schulweg betrug zu Fuß eine Stunde Hinweg und eine Stunde Rückweg. Damals wurden die Kinder nicht mit dem Auto kutschiert.

Ab Mittag bis zum späten Abend hielt ich mich bei meinem Onkel und meiner Tante auf. Sie besaßen im Zentrum von Wuppertal ein Café und eine Konditorei. Kam ich aus der Schule, dann stapelte sich das Geschirr aus dem Café, das meine Oma von Hand spülte. Eine Spülmaschine gab es damals nicht. Ich musste immer die kleinen Milchkännchen säubern, da ich mit meinen zarten Fingern am besten in die Kännchen kam.

Als ich etwa zehn Jahre alt war, verdiente ich mir mein Taschengeld mit Tortenaustragen. Hierzu benutzte ich oft die Straßenbahn. Ich lieferte zwei oder drei runde, vorgekühlte Metallbehälter, die mit einem Lederriemen zusammengehalten wurden, bei den Kunden ab.

Täglich wurde Sahne in großen Metallkannen geliefert. Lange Eisblöcke stapelten sich im Innenhof, die dann kleingehackt die Sahne in den Kupferkesseln kühlten. Einen Kühlschrank gab es nicht.

Am Abend, nach Geschäftsschluss, kamen die Bettler und nahmen die nicht verkauften Teilchen mit. Am nächsten Morgen um vier Uhr wurde dann wieder frisch gebacken – ohne Konservierungsstoffe, Triebmittel, künstliche Aromen oder sonstige Zusätze. In der Nachbarschaft meines Onkels und meiner Tante befanden sich noch andere Geschäfte: eine Metzgerei, ein Fischhandel, ein Obst- und Gemüseladen usw. Jeder kannte die Besitzer persönlich. Die Kinder dieser Geschäftsleute waren meine Klassenkameraden. Schokolade oder Pralinen, die ein wenig Sonne im Schaufenster abbekommen hatten und nicht mehr verkauft werden konnten, durfte ich manchmal mit zur Schule nehmen. Alle Kinder waren ‚scharf auf Süßes'. Ich weniger. Ich freute mich mehr auf das lose Sauerkraut, das die Metzgerstochter mitbrachte, oder auf meinen Favoriten: Bückling mit Rogen aus dem Fischhandel! So entstand ein reger Handel unter der Schulbank im Klassenzimmer.

Heute erzähle ich oft meinen fünf Enkelkindern aus dieser Zeit. Aber nur, wenn sie danach fragen.

Monika (im Kinderwagen) mit ihrer Mutter Julie

Eine Theateraufführung 1954 im Wald in Wuppertal

Monika mit ihren Cousins Lothar (M.) und Karl

Monika (l.) als 16-Jährige in Verona

Ursula Penning,
Jahrgang 1937,
aus Moers

DIE KRÖNUNG VON ELIZABETH II.

Ursula Penning erlebte eine ganz besondere Fernsehübertragung im Jahr 1953.

Unser Haus in Duisburg hatte drei Volltreffer im Krieg erhalten und außer unserer Wohnküche im Erdgeschoss war praktisch kein Raum in dem Vier-Familien-Haus mehr bewohnbar. Die Hauptwand war bis auf einen Rest unserer Küchenwand völlig fort und mein Vater hatte im Nebenraum die Wand zu den Trümmern des Nachbarhauses mit Brettern notdürftig zugemacht. Die Fußbodenbretter hingen in der Luft, der Deckenputz war heruntergefallen, und wenn es regnete, hatten wir Hochwasser im ehemaligen Schlafzimmer meiner Eltern.

Nur unser Kinderzimmer konnte man noch nutzen, das war schön, denn die Trümmer reichten bis zum Fenster hoch und so konnten wir wunderbar in unser Kinderzimmer laufen und im Winter 1945/46 mit dem Schlitten den Trümmerberg herunterfahren.

1946 ging meine Mutter zur GEBAG und bat darum, das Haus wieder aufzubauen. Man sagte ihr: „Liebe Frau, wir haben keine Steine", worauf meine Mutter antwortete: „Steine haben wir genug, die können wir liefern, wenn Sie das Gerüst und die Maurer etc. stellen." Man einigte sich und meine Mutter trommelte die ehemaligen Bewohner

Ursula (r.) und ihre drei Freundinnen bei einem Ausflug nach Zons

Ursula mit ihren Eltern am Tag der Erstkommunion

des Hauses zusammen und wir alle, auch wir Kinder, saßen in den Trümmern und putzten Steine für den Wiederaufbau. An unserem Haus war ein angebautes großes Terrassenhaus völlig zerstört und somit hatten wir Steine genug.

Nach der Volksschule habe ich im Jahr 1953 eine Lehre in einem Geschäft begonnen. Es war das „Haus für Rundfunk und Musik" in Rheinhausen. Dort wurden Schallplatten und Musikinstrumente verkauft, aber auch Fernseh- und Radiogeräte. Ein Fernsehgerät hatte zu der Zeit fast noch keine Familie.

Damals haben wir sechs Tage in der Woche von 8 Uhr morgens bis 7 Uhr abends gearbeitet. Von 1 bis 3 Uhr war Mittagspause. In der Zeit bin ich nach Hause gelaufen, habe gegessen und Hausaufgaben gemacht. Während der Lehre ging man zur Berufsschule, abends fanden auch noch Kurse statt. Wir lernten zum Beispiel Schreibmaschine schreiben und Stenografie (Kurzschrift).

Am 2. Juni 1953 wurde die Krönung von Königin Elizabeth II. von England im Fernsehen gezeigt. Ich stand in unserem Schaufenster und regulierte während der Übertragung aus England immer wieder das Fernsehgerät. Man musste an einem Knopf drehen, damit das Bild blieb. Eine große Menschenschar stand auf dem Bürgersteig und auf der halben Straße, um sich die Übertragung anzusehen.

Ich habe die ganze Zeit mitgeschaut. Ich kann mich noch erinnern, wie Elizabeths Kinder, Charles und Anne, herumliefen. Die Fernsehübertragung war damals etwas ganz Besonderes.

Christel Wismans,
Jahrgang 1947,
aus Emmerich

WASCHEN, SCHRUBBEN, SPÜLEN, WRINGEN

Ein Waschtag bedeutete früher sehr viel Arbeit. Zu Hause bei Christel Wismans gab es dafür große Holzbottiche, Waschbretter und ganz viel heiße Seifenlauge.

Große Wäsche war damals harte Knochenarbeit. Maschinen dafür gab es noch nicht. Wenn ich an einem Waschtag von der Schule nach Hause kam, schwamm mir an der hinteren Tür schon die Seifenlauge entgegen. Der Boden glitschte, und in der Luft waberte nasse Hitze.

Abends vorher wurde die Kochwäsche in einem großen Holzbottich in Soda eingeweicht, damit der erste Schmutz schon mal gelöst wurde. Denn die Wäsche wurde nicht wie heute alle Nase lang gewechselt und gewaschen.

Am nächsten Tag ging es dann morgens schon sehr früh los. Der Zuber wurde geheizt, denn die weiße Wäsche musste ja eine Weile durchgekocht werden. Mit einer Art großem Holzlöffel wurde sie ab und an gedreht und gewendet. Aber am schwersten war wohl das anschließende Umpacken der schweren, kochend heißen Wäsche in einen anderen Bottich mit klarem Wasser zum Spülen.

Natürlich kam das Wasser damals noch nicht aus der Leitung, ebenso wenig wie das Aufheizen etwas mit Strom zu tun hatte. Wasser musste in der Küche gepumpt werden und Aufheizen geschah mit Holz und Kohle.

Nun wurde die Wäsche einer gründlichen Prüfung unterzogen, und das Waschbrett kam zum Einsatz. Hier wurde mit Seife so lange geschrubbt, bis alles sauber war. Und wieder spülen, herausheben, wringen, klares Wasser pumpen ...

Anschließend kam die weiße Wäsche bei uns auf die Bleiche. Das war ein Stück Rasen mit langem Gras. Da wurde sie vorsichtig ausgebreitet in der Hoffnung, dass die Sonne scheint und kein Tier oder Kind darüber hinweg latscht oder noch schlimmer – seine Ausscheidungen darauf hinterlässt.

Aber damit war der Waschtag noch lange nicht beendet. Noch wartete die bunte Wäsche und alles, was dunkel war. Die etwas abgekühlte Seifenlauge wurde natürlich nicht vergeudet. Da kamen dann erst die bunten Sachen und später die dunkle Wäsche rein. Und alles, jeder einzelne Handgriff, jeder Arbeitsgang, wurde wiederholt. Immer wieder, so lange, bis auch diese Wäsche sauber war und aufgehängt werden konnte.

Schlittenfahrt mit Christels Großmutter und Cousin (l.)

Christel und ihre Eltern auf dem zugefrorenen Rhein bei Emmerich

Christel auf ihrem Schaukelpferd

Unterwegs mit ganz vielen Nachbarskindern

Dorothea Schröder,
Jahrgang 1925,
aus Mülheim

FAST IMMER AN DER FRISCHEN LUFT

Dorothea Schröder sah manchmal den Hühnerküken beim Schlüpfen zu. Einmal operierte ihr Vater ein Huhn sogar selbst.

Als ich klein war, pflegten die Nachbarn untereinander viel Kontakt. Meine Eltern hatten anfangs kein Radio. Am Wochenende ging ich regelmäßig eine Etage tiefer zu unseren Nachbarn und freute mich, wenn ich dort die Radio-Unterhaltungssendung „Der fröhliche Samstag-Nachmittag" mithören durfte. Ansonsten tummelten sich die Kinder fast ausnahmslos an der frischen Luft, auch weil wir keine Kinderzimmer hatten. Die Voraussetzungen auf der Straße waren für uns Kinder paradiesisch, da es fast keine störenden Autos gab. Viele Wege musste

man zu meiner Zeit zu Fuß zurücklegen. Dafür konnten wir ungestört Völkerball spielen oder uns anderweitig draußen die Zeit vertreiben. Manchmal zogen Schausteller mit ihren Tieren durch die Siedlung und man konnte handzahme Bären streicheln, während meine Mutter mit Sorge am Fenster stand und zuschaute.

Gelegentlich fuhren Pferdefuhrwerke auf den nicht asphaltierten Straßen. Dann musste meine Freundin Lotti zu ihrem Leidwesen Pferdeäpfel aufsammeln, mit denen ihre Eltern ihr Feld düngten. Denn viele Menschen in der Stadt waren zu der Zeit Selbstversorger und bauten Gemüse, Kartoffeln etc. eigenhändig an.

Zahlreiche Menschen in der Stadt hielten eigene Hühner und ich konnte manchmal den Küken beim Schlüpfen in der warmen Küche zusehen, wenn mein Vater als „Geburtshelfer" die Schale vorsichtig öffnete, um den Vorgang zu beschleunigen. Einmal hat mein Vater ein Huhn, das nicht mehr schlucken konnte, selbst operiert. Nach dem unter Betäubung vorgenommenen Eingriff und Schnitt der Luftröhre hat er mit Nadel und Zwirn die Wunde fachgerecht zugenäht. Das Huhn wurde wieder gesund.

Die Grundnahrungsmittel wie Brot und Milch wurden vom Händler an die Haustür geliefert und man nahm sich Zeit, mit diesem ein Schwätzchen zu halten, indem man ihm einen Kaffee anbot. Als Hobby war die Taubenzucht sehr beliebt und man wartete sonntags gespannt auf die Rückkehr der oft preisgekrönten Tauben, die manchmal auch als Nachrichtenüberbringer dienten. Wenn der lokale Fußballverein auswärts in einer angrenzenden Stadt gastierte, schickte man von dort in der Halbzeitpause und nach Spielschluss die Täubchen mit dem Spielstand im Ring nach Hause, um die Daheimgebliebenen zu informieren.

Dorothea im vierten Schuljahr

Dorothea mit ihren großen Brüdern Siegfried (l.) und Karl

Inge Schwarzlose, **Jahrgang 1923, aus Neukirchen-Vluyn**

MIT 14 WAR DIE KINDHEIT VORBEI

Weil ihre Schwester eine schlechte Schülerin war, durfte auch Inge Schwarzlose nicht auf eine höhere Schule gehen.

Ich lebte auf dem Land in der Nähe von Brandenburg. Mit meiner Zwillingsschwester Erna und meinen zwölf Jahre jüngeren Zwillingsgeschwistern wohnte ich in einem Haus mit einem großem Garten, jedoch ohne fließendes Wasser, und einem Plumpsklo draußen. Es gab keine eigenen Kinderzimmer. In der Dorfschule wurden acht Klassen von einem Lehrer zusammen unterrichtet.

Ich war eine sehr gute Schülerin und liebte den Unterricht, meine Zwillingsschwester war das Gegenteil. Damals wurden wir beide einfach gleich behandelt. Das bedeutete für mich: Ich durfte nicht auf eine höhere Schule gehen, weil es für meine Schwester nicht infrage kam. Regelmäßig musste ich zu Hause mithelfen und aus der Schule fernbleiben, weil ich die bessere Schülerin war und es mir – so fanden es meine Eltern – leisten konnte.

Es gab fast täglich nur Eintopf, nur selten Fleisch, Süßigkeiten und Kuchen nur zu besonderen Anlässen. Nie gab es Geschenke zwischendurch und zu Weihnachten und Geburtstag Praktisches wie Kleidung oder was für die Schule. Es wurde alles selber hergestellt und angebaut, so habe ich früh viel gelernt. Das Leben war sehr einfach.

Mein Vater starb früh an einer banalen Lungenentzündung, weil die medizinische Versorgung so schlecht war und es keine wirksamen Medikamente gab. Wir Kinder halfen viel mit im Haushalt und auf dem Feld oder beaufsichtigten unsere jüngeren Geschwister. Wenn Zeit übrig blieb, wurde Verstecken, Kreisspiele oder Fangen auf der Straße gespielt, da früher nur wenige Autos fuhren.

Es gab auch Ausflüge nach Berlin zum Einkaufen, mal einen Urlaub im Harz oder ein Zeltlager auf Usedom, aber das waren seltene Ausnahmen. Und das nur, weil es Freikarten von der Reichsbahn gab für Arbeiter wie Opa.

In meiner Freizeit habe ich ab und zu das Kino besucht, ich las Bücher, ging Schwimmen und Tanzen. Dazu bin ich viel Fahrrad gefahren. In meiner Kindheit hat es mir an nichts gefehlt. Die Kindheit war aber leider schon mit 14 Jahren vorbei. Dann begann das Arbeitsleben in einem Haushalt bei anderen Leuten.

Als 13-Jährige in der Schule

Inge (2.v.l.) und ihre Zwillingsschwester Erna (r.) in der Volksschule

Inges Mann Walter am Lenkrad eines Traktors auf dem Hof Roßdorf

Norbert Schulters,
Jahrgang 1951,
aus Hamminkeln

DER LOHN LANDETE IN DER ECKKNEIPE

Norbert Schulters beobachtete als Kind, wie bei einigen Bergmannsfamilien am Zahltag der Haussegen schief hing.

Als Kinder der Nachkriegsgeneration hatten wir ein sehr unbeschwertes Leben. Wir spielten meistens draußen auf unserem Hinterhof oder in unserer Straße. Da gab es doch noch tatsächlich einen Gasmann, der jeden Abend kam und die Straßenlaternen anmachte. Auf unserem Hinterhof in der Ziegelstraße in Gelsenkirchen gab es einen alten Schreinermeister, der mit seiner Handkarre zu seinen Kunden fuhr. In den kleinen Zechenhäusern um uns herum wohnten die Kumpels von der Zeche mit ihren Familien. Meistens war dann am 15. eines Monats Zahltag. Die Mütter meiner Spielkameraden holten dann ihre Männer vom Zechentor ab, weil sonst ein Teil des Lohnes in der nächsten Eckkneipe landete.

Bei einigen Nachbarn gab es deswegen richtigen Zoff. Oft wurden wir als Kinder Zeugen des Geschehens. Es herrschte bei einigen Familien nicht immer der häusliche Frieden, wenn besagte Kumpel schon einen in der Kiste hatten. Ich erinnere mich, wie unser Nachbar damals oft von der Polizei abgeholt wurde und zur Ausnüchterung eine Nacht auf dem Revier bleiben musste. Am anderen Tag schien dann wieder die Sonne, alles war wieder in Ordnung. Wir Kinder hatten uns bereits daran gewöhnt, dass es alles wieder seinen normalen Gang ging - mehr oder weniger.

Von Döner und Pizza gab es noch keine Spur. Am Wochenende war der Sonntagsbraten ein Hähnchen mit Salzkartoffeln und Apfelkompott. Ich war früher ein sehr mageres Kind und meine liebe Mutter meinte es besonders gut mit mir. Sie pfropfte mich mit Rotbäckchen und Sanostol voll. Jedenfalls musste der Teller immer leer sein. Ansonsten wurde mir angedroht, in das nächste Kinderheim abgeschoben zu werden. Aus heutiger Sicht habe ich immer noch mit meinen Pfunden zu kämpfen. Ja, wie Mütter eben so sind: Sie meinen es nur gut. Aber damals als Kind ging mir die Muffe.

1959 verließen wir dann unser Gelsenkirchen und zogen ins Wirtschaftswunderland Wesel an den Niederrhein. Mein Vater war Fotograf. In Wesel auf der Kreuzstraße machte dann unser Vater tagsüber jede Menge Passfotos von den Leuten, die aus der Ostzone kamen und sich hier eine neue Existenz aufbauten. Irgendwann nahm uns das Wirtschaftswunder mit. Ich erinnere mich noch an unseren ersten Kühlschrank und zwei Jahre später an unseren ersten Schwarz-Weiß-Fernseher in einem Schrank, hochglanzpoliert und abschließbar, mit einer Glühlampe, damit man auch sehen konnte, dass Strom da war.

Norbert und seine Freunde spielten auf der Straße

Diesen Matrosenanzug trug Norbert als Zweijähriger

Albert Kohl,
Jahrgang 1943,
aus Monheim

RESPEKT VOR DER FEUERSPEIENDEN LOK

Albert Kohl konnte als Kind aus seiner Baumbude beobachten, wie die Menschen Kohlebrocken von wartenden Zügen stibitzten.

In unserer Siedlung in Essen-Bergeborbeck ging von einem Wirtschaftsweg ein schmaler Weg in T-Form ab, der in den Bahndamm mündete. Die Böschung, die bis zu den Gleisen reichte, ging fünf Meter steil hoch. Zweimal am Tag hielt dort an einem Signal ein sehr langer mit Kohlebrocken beladener Zug. Die Strecke machte eine enggezogene Kurve, so dass der Lokführer nur die ersten beiden Waggons sehen konnte. Was sich dahinter abspielte, blieb ihm verborgen. Es war diese riesige, rauch- und feuerspeiende Lok, die zusätzlich zu den Ermahnungen unserer Eltern daran erinnerte, dass große Gefahr bestand, wenn sie auf den Gleisen in der Nähe stand. Der Respekt war enorm!

Die Nachkriegszeit war eine arme Zeit. Jeder, der nicht auf der Zeche arbeitete, versuchte zu organisieren. Es gab einige Familien, die sich den Halt des Kohlezuges zunutze machten. Der Lokführer und der Heizer, die vor ihrem Kessel saßen, ahnten nicht, was sich hinter der Kurve abspielte. Dort waren einige Personen damit beschäftigt, die dicken Brocken von den Waggons zu werfen. Es bestand keine Gefahr für sie, denn bevor der Zug sich in Bewegung setzte, pfiff der Lokführer zweimal. Es war das Signal für das Stellwerk in Bergeborbeck. Nachdem der Zug verschwunden war, wurden die Kohlebrocken in Säcke gepackt und auf abenteuerlich anmutenden Fahrzeugen abtransportiert.

In der engen Kurve, an diesem strategisch wichtigen Punkt, befand sich in Waggonhöhe unsere Baumbude. In einer Astgabelung war eine Tür eingekeilt, die wir aus einem zerbombten Haus in der Querstraße, unter Hautabschürfungen und blauen Flecken, vorgezerrt hatten. Die zwei Fensterrahmen ohne Scheiben, die Bretter und Pappkartons ebenfalls. Opa hatte uns seine Karre geliehen, um die Reichtümer, die wir gefunden hatten, Richtung Bahndamm zu transportieren. Der Nachbar gab uns ein Stück Teerpappe, Nägel und Pappnägel. Einige Latten konnten wir auch mitnehmen.

Jeden Abend dann die gleiche Prozedur. Warum muss man sich waschen? Es tat alles so weh. Sah denn keiner, wie ich litt? Es war wie verhext, den ganzen Tag spürte man das kaputte Knie nicht, nur beim Waschen mit Seife. Der Dreck wurde ganz vorsichtig entfernt, wobei gewisse Ränder am Hals und an den Kniekehlen stehen blieben. Doch Mutter kannte ihre Pappenheimer: Nach dem Anheben des Kinns war alles klar, ab ans Waschbecken. Es gab keine Gnade, nur die trostvollen Worte: „Stell dich nicht so an!"

Albert und seine Cousine Monika

Waltraud Dickmann,
**Jahrgang 1940,
aus Hünxe**

DER KANAL – DIE HÜNXER „RIVIERA"

Waltraud Dickmann erzählt, wie sie als Kind den ganzen Tag draußen gespielt hat – im Wald, in ihrem Gärtchen und am Wasser.

Unser Hof war von drei Seiten von Wald umgeben. Darin konnte man herrlich spielen. Die deutschen Soldaten hatten vorn im Wald „Einmannlöcher" gegraben. Da spielten wir Mutter und Kind. Ein Loch war das Wohnzimmer, eins das Kinderzimmer und eins das „Klo". Ein Loch haben wir zugeschaufelt. Davor den Waldboden freigemacht. Und schon hatten wir eine wunderbare Sprunggrube. Ein Nachbarsjunge hatte ein richtiges Maßband. Da hatten wir dann unten in der Wiese eine richtige Laufstrecke.

Zweimal haben ein Nachbarsmädchen und ich uns im Frühjahr ein Gärtchen angelegt. Von Oma bekamen wir etwas Samen. Aber geerntet haben wir nie. Nach einiger Zeit hatten wir die Lust am Gärtchen verloren, und unser Gärtchen wuchs mit Unkraut zu. Meist war wieder was Neues angesagt. Mal Seilchen springen, mal hinkeln, mal mit zwei kleinen Bällen spielen. Oder wir haben unseren Puppen neue Kleider genäht.

Im Sommer liefen wir gut zehn Minuten durch den Wald. Schon waren wir an der Hünxer Badeanstalt. Heute sind dort die

Autobahn, Tankstelle und Raststätte. Als wir dann richtig schwimmen konnten, gingen wir natürlich nicht mehr in die „kleine" Badeanstalt, sondern fuhren mit Rädern zum Kanal. Da war im Sommer richtig was los. Es war sozusagen die Hünxer „Riviera". Im Winter, wenn Schnee lag, konnten wir auf dem Berg Schlitten fahren. Herrlich!

Im Winter wurde oft ein Schwein geschlachtet. Das machte unser Nachbar „Onkel Neuhaus". Morgens wurde das Schwein geschlachtet. Dann kam es auf die Leiter zum Auskühlen. Gegen Abend hat Onkel Neuhaus das Schwein zerlegt. Da hat Mama in zwei großen Brätern „Karbonölkes" gebraten. 15 bis 20 Personen waren zum Abendessen keine Seltenheit.. Dazu gab es eingelegte Rote Bete, Gurken und Salzkartoffeln. Bekannte aus Dinslaken waren zum „Karbonölkes"-Essen auch immer zur Stelle. Ich glaube, die rochen das von Dinslaken aus, wenn bei uns geschlachtet wurde.

Waltraud (M.) mit ihren Eltern und Geschwistern

Anneliese, Heiner und Waltraud (v. l.)

Waltrauds Schulklasse an der Bergschule in Hünxe

Hildegard Platte,
Jahrgang 1940,
aus Essen

FALSCHE GLÄSER IN DER NEUEN BRILLE

Weil Hildegard Platte an der Tafel nichts erkennen konnte, gab's erst mal ein paar Ohrfeigen. Doch die Zweitklässlerin war kurzsichtig.

Im Sommer 1948 bewohnten wir in Essen im Erdgeschoss eines Mehrfamilienhauses eine Vier-Zimmer-Wohnung, wovon ein Zimmer unbewohnbar war. Eine Bombe hatte den Hinterhof getroffen und eine Seite des Hauses abgerissen, so dass man von diesem Zimmer (wir nannten es „die Rumpelkammer") direkt nach draußen konnte. Es gab also eine Wohnküche, ein Elternschlafzimmer und ein Kinderzimmer. Meine Schwester Christel (ein Jahr älter als ich), die Nachbarkinder und ich hatten allerdings einen interessanten Spielplatz, den Bombentrichter, worin man alles mögliche finden konnte. Außerdem gab es noch andere Häuser, bei denen eine Wand oder mehr fehlte. Natürlich sollten wir nicht darin herumklettern, aber was sollten wir anderes tun?

Ich war das jüngste von sechs Geschwistern. 1948 war ich im zweiten Schuljahr und ging in die Wickenburgschule in Essen-West. Es war kein weiter Weg, aber ich musste zwei große, verkehrsreiche Straßen überqueren und Straßenbahnschienen. Ampeln gab es noch nicht. In der Schule war es dreckig. Vor allem das Klo konnte man kaum benutzen. Zum Glück musste ich nicht oft. Da ich für mein Alter ziemlich groß war, musste ich hinten sitzen. Dabei stellte sich heraus, dass ich an der Tafel nichts erkennen konnte. Zunächst gab es mal ein paar Ohrfeigen, weil die Lehrerin annahm, dass ich nicht aufgepasst hatte. Nachdem sie mich aber nach vorne geholt hatte und ich alles lesen konnte, kam ihr die Erleuchtung, dass ich wohl eine Brille brauchte.

Meine erste Brille war eine Katastrophe. Der Augenarzt hatte mich völlig durcheinander gebracht. Ich wusste nach kurzer Zeit nicht mehr, durch welche Gläser ich besser sehen konnte oder nicht. Als nach Wochen die Brille endlich fertig war, sah ich durch diese Brille alles verschwommen und schlechter als ohne. Außerdem tat sie mir an den Ohren und auf der Nase richtig weh, denn das Gestell war wohl aus Draht. Es wurde dann etwas Watte unterlegt. Trotzdem hatte ich rote Druckstellen und sah zum Fürchten aus. Man erklärte mir aber, dass ich mich daran gewöhnen müsse und die Brille ständig tragen solle. Draußen setzte ich mein neues Drahtgestell sofort ab, und es verschwand in meiner Schultasche. Irgendwann hatte meine Mutter Erbarmen und ging noch einmal mit mir zum Augenarzt. Da stellte sich dann heraus, dass die Gläser vertauscht worden waren. Durch die neue Brille konnte ich endlich richtig sehen, aber gerne habe ich sie nicht getragen. Sie war häufig kaputt und meine Mutter bekam jedes Mal einen Anfall.

In diesem Sommer sollten wir eine neue Wohnung bekommen, und zwar in Bredeney, dem schönsten Stadtteil von Essen. Die Wohnung hatte eine Wohnküche, ein Wohnzimmer, ein Elternschlafzimmer, ein Kinderzimmer, ein richtiges Bad mit Badewanne und einen Balkon. Für heutige Verhältnisse war sie nicht besonders groß, dafür aber wunderschön. Außerdem gehörte die Hälfte des Gartens zu unserer Wohnung. Auf der wenig befahrenen Nebenstraße konnten wir mit anderen Kindern spielen, z. B. Namen raten, Figuren schleudern, Büchsen kloppen usw. Unser Garten hatte eine große Wiese, zwei Kirschapfelbäume und war eingerahmt von Stachel- und Johannisbeersträuchern. Wir pflanzten noch Blumen und Erdbeeren.

Wir haben uns alle von Anfang an dort wohl gefühlt. Nur mein Schulweg war ziemlich weit. Es hat etwas gedauert, bis ich mich in der Schule heimisch fühlte. Zum Glück hatte ich ziemlich bald eine Freundin, die ganz in der Nähe wohnte. Sie hieß Angelika und war Einzelkind. Leider haben wir uns später aus den Augen verloren.

Nur in meinem Poesiealbum steht noch als Andenken ein Spruch von ihr:
„In allen vier Ecken soll Liebe stecken" –
Vergissmeinnicht deine Angelika Ständer

Hildegard (r.) und ihre Schwester Christel

Die Familie: Vater Johannes, Hildegard, Christel, Mutter Maria (vordere Reihe, v.l.), Josef, Maria, Deta und Hans (hintere Reihe, v.l.)

Roswitha Schulte,
Jahrgang 1938,
aus Rees

BLUMEN AUS DEM KOMPOST FÜRS GRAB

Roswitha Schulte spielte viel mit ihrer Freundin Marie, etwa Hüpfkästchen. Auf dem Schulhof wurden Glanzbilder getauscht.

Im Jahr 1948 kam mein Bruder zur Welt. Danach zogen wir in eine größere Wohnung bei Oma und Opa. Ich musste in einem Zimmer mit meinen Eltern schlafen. Die Wohnung lag nahe an einem Friedhof. Meine Schule war eine halbe Stunde entfernt. Zum Glück fand ich dort eine neue Freundin.

Wenn ich aus der Schule nach Hause kam, gab es Mittagessen, meist mit Gemüse aus unserem Schrebergarten. Dann wurden Hausaufgaben gemacht. Nachmittags habe ich dann einen kleinen Jungen aus der Nachbarschaft im Kinderwagen gefahren. Und ich habe mit meiner Freundin Hüpfkästchen gespielt.

Weil ich so dünn war, bekam ich von Opa Lange jede Woche ein Butterbrot, wenn er das Grab seiner Frau besuchte. Marie, meine Freundin, und ich hatten auf dem Friedhof je zwei Gräber, um die sich niemand kümmerte. Wir suchten aus dem Kompost alte Blumen heraus, die noch gut waren, und pflanzten sie ein. Unsere Gräber waren wunderschön.

Wir hatten zu Hause ein altes Fahrrad, das mein Vater zum Hamstern benutzte. Später ist es gestohlen worden.

In der Schule habe ich gerne Theater gespielt. Bald gab es Glanzbilder zu kaufen und wir haben sie auf dem Schulhof getauscht. Zu Weihnachten bekam ich eine Mundharmonika. Mein erstes Lied, das ich spielen konnte, war „Ich hatte einen Kameraden", weil es die Kapelle für Bergleute immer auf dem Friedhof spielte.

Roswitha (10) und ihr Bruder Friedhelm

An der Hand der Mutter Therese

Roswitha und das Nachbarskind Heinzi

Müşerref Savaş,
Jahrgang 1949,
aus Duisburg

ERNA, DIE ERSATZ-OMA

Müşerref Savaş kam 1972 aus der Türkei nach Deutschland. Eine Nachbarin betreute ihre Kinder wie eine leibliche Großmutter. Bis heute ist Erna Kleinholt unvergessen.

Ich wurde in Adana in der Türkei geboren. Wir sind sieben Geschwister. Mein Opa, der Vater meines Vaters, kam oft zu uns, er hatte alle seine Enkelkinder sehr lieb. Er hat uns geschaukelt und uns dabei Lieder vorgesungen. In einer Großfamilie mit viel Liebe groß zu werden, ist etwas Großartiges. Bis zu meinem 22. Lebensjahr habe ich in Adana gelebt. Der Liebe wegen habe ich geheiratet und bin nach Deutschland gezogen.

Ich konnte mich nur schwer an das Alleinsein und die Kälte gewöhnen. Als meine Kinder Seyhun und Seyhan zur Welt kamen, war ich traurig, dass sie ohne Oma, Opa, Tante und Onkel groß werden sollten. Diese Traurigkeit sollte aber nicht lange dauern. Denn in Walsum hatten wir wunderbare Nachbarn, für die ich heute noch dankbar bin. Erna Kleinholt und ihr Mann Menne wurden für meine Kinder Oma- und Opa-Ersatz. Sie hatten selber keine Enkelkinder. Meinen Namen konnte Erna nicht richtig aussprechen, daher schlug ich vor, mich Manuela zu nennen. Das bedeutet „Gott ist mit uns".

Ernas größtes Vergnügen war es, mit den Kindern Eis essen zu gehen. Wir fuhren oft zusammen mit der Straßenbahn in die Stadt zum Einkaufen. Erna hat für die Kinder am liebsten Salzkartoffeln mit Spinat und Würstchen gemacht oder Waffeln, die sie mit großem Appetit aßen. Abends hat Erna entweder Geschichten erzählt oder vorgelesen.

Das Schönste war, dass wir Geburtstage oder Feiertage zusammen feierten. An Weihnachten holten wir einen Tannenbaum, den wir gemeinsam schmückten und darunter Geschenke legten. Mein Sohn Seyhun spielte Flöte und wir sangen dazu Weihnachtslieder. Meine Tochter Seyhan ist am 25. Dezember geboren, deswegen war sie unser aller Christkind.

Erna erzählte viele Abende von ihren schrecklichen Erlebnissen während des Krieges. Damals arbeitete sie im Johannes-Hospital als Krankenschwester. Mit ihrer Mutter und ihren Geschwistern musste sie unter Bombenhagel im Bunker hausen. Sie sprach unter Tränen davon und manchmal wachte sie nachts schweißgebadet mit Albträumen auf. Sie war ein herzensguter Mensch, der viel Gutes und Schlechtes erfahren hatte.

Erna hat mir beigebracht, Gobelin-Bilder zu sticken. Viele davon hängen an den Wänden in meiner Wohnung. Erna hat immer davon geträumt, dass eines Tages die Kinder erwachsen sind und

Müşerref Savaş mit ihren Eltern in Adana in der Türkei

Erna und Menne Kleinholt (r.) machten mit der Familie Savaş im Zillertal Urlaub

Müşerrefs Schulklasse in Adana

heiraten und mit ihren Partnern zu ihr kommen. Meine Kinder haben ihre leiblichen Großeltern in der Türkei nur einmal im Jahr für drei bis vier Wochen gesehen, mit Erna und Menne waren sie jeden Tag zusammen.

Gemeinsam haben wir oft im Zillertal in Österreich Urlaub gemacht. Wir sind in den Ferien mit dem Auto in die Türkei gefahren. Auf dem Rückweg haben wir uns im Zillertal immer in derselben Pension getroffen. So war es auch im Sommer des Jahres 1990. Wir kamen am Treffpunkt an, aber Erna und Menne waren nicht da. Die Besitzerin der Pension hat uns dann die traurige Nachricht übermittelt, dass Erna einen Tag zuvor verstorben war und in drei Tagen beerdigt werden sollte. Wir waren so schockiert und betroffen von dieser traurigen Nachricht!

Was sollten wir ohne unsere Erna in Deutschland machen? Wir weinten die ganze Zeit. Am nächsten Tag fuhren wir nach Duisburg zurück. Menne hat uns in Empfang genommen, unsere Trauer war groß. Unter Tränen haben wir Erna auf ihrer letzten Reise begleitet. Ernas Lücke hat niemand wieder füllen können.

Deutschland, das Land, für das ich der Liebe wegen gekommen bin, ist meine zweite Heimat geworden. Mit den Deutschen habe ich unvergessliche Freundschaften geschlossen. Die Jahre sind so schnell vergangen. Ich werde noch meinen Enkeln von meinen türkischen und deutschen Freundschaften erzählen.

Müşerref (l.) mit ihren Geschwistern Bülent und Hülya

Oma Erna kam zur Einschulung mit

SCHULE

Die Schulklassen waren groß, die Lehrer streng und im Winter sorgte ein Kohleofen für Wärme im Klassenzimmer. Die Kinder schrieben mit Griffeln und Schreibfedern. Mit dem Tintenfass im Pult konnte man lustige Streiche spielen.

ALLTAG

Lucia Hagemann,
Jahrgang 1942,
aus Essen

DIE LEHRERIN HIESS „DER ROTE BESEN“

In Lucia Hagemanns Schulzeit ging es sehr gesittet und streng zu. Es durfte noch nicht einmal geflüstert werden.

Als ich in die Schule kam, ging es dort streng zu. Es fing schon auf dem Schulhof an, wo wir Mädchen uns zu zweit in einer Reihe aufstellen mussten, bis es klingelte. Die Jungen bildeten ihre Reihe weit entfernt von uns. Wir trugen Kleider und Röcke und darüber eine Schürze. Hosen zu tragen, war äußerst unchristlich und verboten! Die Jungen trugen ¾-Hosen, die „Borbecker Halblang“ genannt wurden, mit Hosenträgern.

Unsere Lehrerin, die uns in allen Fächern unterrichtete (außer Turnen), flößte uns Kindern Angst ein. Mit ihren roten, nach hinten zu einem Knoten gebundenen Haaren wurde sie hinter vorgehaltener Hand „der rote Besen“ (!) genannt. Bei der geringsten Störung (Flüstern etc.) während des Unterrichts stürzte sie auf die Verursacherin zu und zog kräftig an deren Ohrläppchen.

Erdkunde war nicht so mein Fachgebiet. Wenn die Lehrerin die Landkarte herunterrollte, schickte ich immer ein Gebet zum Himmel, dass mich Gott davor bewahre, nach vorn gehen zu müssen. Nicht immer hatte ich Glück!

Da das Essen zur damaligen Zeit ziemlich knapp war, durften wir an bestimmten Tagen den sogenannten Henkelmann mit zur Schule nehmen, der dort mal mit Milch- oder Erbsensuppe gefüllt wurde. Auf dem Nachhauseweg machten wir uns einen Spaß daraus, den Behälter mit der Hand herumzuschleudern. Wir hatten Glück, dass niemals etwas herauslief. Das hätte bestimmt zu Hause großen Ärger gegeben.

Lucia (l.) und ihre Schwester Monika

Lucia Hagemann mit einer Puppe aus Kindertagen

Rosemarie Teubert,
Jahrgang 1929,
aus Dinslaken

DIE KLEINSTE IN DER KLASSE

Rosemarie Teubert hatte von ihrem ersten Schultag eine andere Vorstellung als ihre Lehrerin, das nette Fräulein Schmitz.

Der erste Schultag am 1. April 1936 begann mit unserer Klassenlehrerin Fräulein Schmitz. Sie war eine schon ältere Lehrerin, die einen kleinen Puckel hatte und sehr nett und liebevoll mit uns umging. Fräulein Schmitz begrüßte uns also. Doch nach ganz kurzer Zeit schnappte ich mir meinen Tornister und sagte in die Klasse hinein: „Ich gehe jetzt wieder nach Hause." Pause! Das nette Fräulein Schmitz sagte: „Röschen, du bist doch jetzt in der Schule." Darauf ich: „Ich kann ja morgen wiederkommen." Sprach's und war sofort raus aus dem Klassenraum.

Zu Hause war meine Mutter ärgerlich darüber, dass ich schon wieder da war, und schnappte mich bei der Hand. Das Schulgebäude lag nur fünf Minuten zu Fuß von unserem Zuhause entfernt. Meine Mutter übergab mich wieder dem netten Fräulein Schmitz. Bei dieser Lehrerin war ich dann weitere vier Schuljahre und hatte immer einen Bonus. Ich war die Kleinste in der Klasse und hieß auch noch „Röschen".

Dieses nette Fräulein Schmitz haben wir anlässlich eines Klassentreffens fast 50 Jahre später gesehen. Da war Fräulein Schmitz (das sagten wir immer noch) sicher schon 85 Jahre alt.

Erster Schultag im Jahr 1936

Die siebenjährige Rosemarie mit ihrem Bruder Achim

Rosemarie (vorn) mit ihrer Schwester Anni auf dem Motorrad ihres Vaters

Ulrike Odenthal,
Jahrgang 1944,
aus Essen

AUF DEM RANZEN DIE STRASSE HINUNTER

Ulrike Odenthal berichtet von ihrem langen Schulweg und davon, wie sie Maikäfer in den Papierkorb ihrer Klasse legte.

Ich bin im Saarland geboren und möchte von meinem langen Schulweg erzählen. Mein Vater war Kriegsgefangener und kam krank aus der Gefangenschaft nach Hause. Er hatte lange gehungert und dadurch eine Lungenerkrankung bekommen. Die Ärzte empfahlen ihm, in einen höher gelegenen Ort zu ziehen – wegen der Höhenluft, wie man uns sagte.

So zogen meine beiden Brüder und ich mit meinen Eltern in ein hochgelegenes kleines Dorf. Es hieß Hierscheid. Dort war die erste Dienststelle meines Vaters – er war Lehrer –, nachdem er wieder gesund geworden war. Für meine beiden Brüder und mich bedeutete die einsame Lage des Dorfes, dass wir nach unserer Volksschulzeit einen langen Schulweg zu Fuß zum Gymnasium hatten. Am Morgen ging es etwa drei Kilometer den Berg hinunter, dann weiter mit dem Zug und dem Bus. Nachmittags ging es wieder hoch ins Dorf.

In den heißen Sommertagen war es frühmorgens noch herrlich kühl und wir fanden viele Maikäfer, noch schlafend, die wir dann mit in die Schule nahmen und dort in den Papierkorb legten. Nach und

Ulrike und ihre Mutter Lieselotte

Im Gras mit ihrem Bruder Thomas

Ulrike und ihr Bruder „Jockel" hatten einen weiten Schulweg – zu Fuß, mit dem Zug und dem Bus

nach flogen sie im Klassenzimmer umher. Fast jeden Tag kam uns nach der Schule unsere Mutter mit dem Fahrrad entgegen und brachte uns kalten Tee in einer Milchkanne mit, der köstlich erfrischend war.

Im Winter gingen wir jeden Tag um 6.30 Uhr aus dem Haus. Manchmal fuhr ein Zechenbus, dem wir zuwinkten. Wenn der Fahrer nett war, hielt er und nahm uns ein Stück mit.

Wenn es viel geschneit hatte, setzten wir uns auf unsere Ranzen – sie hatten damals noch eine „glatte Seite" – und rutschten die Straßen hinunter.

In der Schule gab es kleine Flaschen Milch und ich meldete mich jede Woche, die Kästen mit meiner Freundin aus den Fluren in die Klasse zu tragen, weil es dann eine Flasche extra gab. Ich mochte die Milch und da ich unterernährt war, bekam ich oft die zusätzliche Flasche.

Alfred Bluhm
Jahrgang 1941, aus Essen

HOLZ FÜR DEN KANONENOFEN

Alfred Bluhm machte einmal einen besonderen Schulausflug, bei dem die Schüler eine ungewöhnliche Aufgabe bekamen.

Ostern 1947 wurde ich eingeschult. Wir waren mit 72 Jungen in einer Klasse. Unsere erste Lehrerin war Fräulein Vollmer, gut ein Jahr später war es dann Adam von Dahl. Er war kurz zuvor aus der Kriegsgefangenschaft nach Hause gekommen. Streng und gerecht war er. Er behandelte uns wie seine eigenen Kinder.

In der Schulpause mussten wir antreten, um die „Quäkerspeise" (Schulessen) zu bekommen. Das war ein sehr, sehr zähflüssiger Brei aus Haferflocken ohne jeden Geschmack, aber sehr nahrhaft. Wenn der ausgeteilt wurde, kam der Kloß kaum aus der Kelle. Da wir aber alle immer Hunger hatten, waren unsere Büchsen und Pötte immer sehr schnell leer.

Einmal sagte der Lehrer nach Schulschluss: „Morgen machen wir einen Ausflug in Sachen Heimatkunde, bringt bitte alle, wenn möglich, ein Butterbrot mit." Nachmittags auf der Straße wurde schon geraten: Was werden wir denn wohl machen? Wohin geht's? Die Spannung stieg ins Unermessliche. Nachts konnte ich vor Aufregung kaum schlafen.

Als am nächsten Tag die Schulglocke schellte, traten wir in Zweierreihe an. Unser

Lehrer kam vor die Tür, begrüßte uns und sprach mit uns ein Morgengebet. Dann zogen wir los. Es ging ein ganzes Stück durch den Schellenberger Wald bis zu einem Aussichtspunkt hoch über dem Essener Baldeneysee. Er heißt „Korte Klippe". Hier machten wir unsere wohlverdiente Frühstückspause. Die nichts hatten, bekamen von Mitschülern etwas. Brote wurde durchgebrochen, und in den Apfel konnten immer mehrere reinbeißen. Der Letzte bekam die Kitsche. Unser Lehrer zeigte und erklärte uns die einzelnen Sehenswürdigkeiten und Stadtteile, die wir von hier oben sehen konnten.

Dann folgte der Rückmarsch. Plötzlich sagte unser Lehrer: „Jungs, ich möchte gerne wissen, wer der Stärkste in der Klasse ist und das meiste Holz tragen kann, bis zur Schule." Wie eine Horde wilder Affen jagten wir durch den Wald und beluden uns mit Holz. An der Schule wurde unser Holz neben dem Eingang gestapelt. Warum, weshalb, wieso? Keine Ahnung?

Die Erleuchtung kam dann am Morgen: Das Holz lag schön kleingesägt neben unserem großen Kanonenofen, der im Klassenzimmer stand. Abwechselnd durften wir nun unter Anleitung unseres Lehrers ein Stück nach dem anderen in den Ofen stecken. Unsere Klasse war richtig mollig warm.

Als Messdiener bei einer Fronleichnams-Prozession

Dieses Eisbärkostüm war damals der Renner

Alfred als kleiner Junge

Jutta Grochowski, Jahrgang 1942, aus Oberhausen

„WAS SOLLEN DENN DIE LEUTE SAGEN?"

Jutta Grochowski erinnert sich an ihren Schulweg, den Pappranzen und Unterricht mit 68 Kindern in der Klasse.

Nun, ich kam im Herbst 1948 zur Schule. Meine Heimatstadt teilte das Schicksal vieler Städte mit ihrer fast vollkommenen Zerstörung, so mussten alle halbwegs intakten Gebäude für öffentliche Aufgaben genutzt werden. In unserem Fall war das die etwas außerhalb gelegene, unzerstörte Gaststätte, wo man die Gasträume in Klassenzimmer unterteilt hatte.

Auf dem Weg dorthin musste erst einmal am Haus von Fräulein Bürkhart Halt gemacht werden. Fräulein Bürkhart lebte dort mit ihrer Mutter, beide uralt, schwarz gekleidet und beim Ausgehen mit vollkommen unmodernen Federhüten versehen. Ihrer beider Liebling war ein riesiger, fetter Kater, der in den getrennten Doppelfenstern seinen Ruheplatz hatte und uns mit Katzenbuckel erwartete, wurde er doch mit gegen die Scheibe geworfenen Steinchen geärgert, was er zu unserem Vergnügen mit viel Gefauche quittierte.

Das Schönste aber war, dass die Damen Bürkhart regelmäßig, Kater unter dem Arm, bei meiner Großmutter vorsprachen und sich über uns beschwerten. Meine Oma hielt uns dann Vorträge, dass wir – als Kinder aus einer „besseren Familie" – uns anständig zu benehmen hätten. „Was sollten denn sonst die Leute sagen?"

Zurück zum Schulweg. An einem Bach gab es viel zu tun. Wie oft kamen wir mit nassen Füßen zur Schule! Im Sommer war das eher egal, hatten wir doch nur primitive Holzklepper an, denn Lederschuhe waren, wenn zu kaufen, so viel zu teuer für den Sommer. Es gab auf dem Schulweg auch einen versumpften Teich, ein wahres Froschparadies. Nun hieß es, Frösche fangen! Die Jungs hatten natürlich nichts Besseres zu tun, als die Frösche in die Hosentasche zu stecken und sie im Unterricht laufen zu lassen.

Wir hatten das Glück, in der amerikanischen Zone zu wohnen. So gehörte zu unserer Schulausstattung ein Essgefäß. In der Pause gab es für uns Hoover-Speisung. Diese bestand aus einer Suppe, manchmal Kakao und Dampfnudeln, und ganz selten gab es eine kleine Tafel Blockschokolade, die wir mit nach Hause bringen mussten, um sie mit der übrigen Familie zu teilen.

Mein Schulranzen war übrigens aus Pappe, mit Pappriemen. Für meine beide älteren Schwestern hatte es noch gebrauchte Lederranzen gegeben, ich aber musste zu Anfang mit dem Pappranzen vorlieb nehmen. Er muss wohl nach den ersten Regenfällen auseinander gefallen sein.

Unsere Ranzen waren leicht: eine Schiefertafel, natürlich nicht neu, einige Schiefergriffel in einem Holzkästchen, eine zerlesene Fibel und ein ebenso zerfleddertes Rechenbuch. Meine ersten Hefte bekam ich aus einem Carepaket, später durften wir mit Federhalter und Tinte schreiben.

An ein Carepaket erinnere ich mich besonders gut: Der Inhalt wurde in der Klasse verteilt, und ich bekam eine Tube Colgate-Zahncreme. Natürlich hatte ich keine Ahnung, was das war, schraubte den Deckel ab und kostete. Süß und nach Pfefferminze schmeckte das. Es schmeckte so köstlich, dass ich fast die ganze Tube leer schleckte. Ich kam heulend und mit Bauchweh zu Hause an und wurde von meiner Mutter ausgeschimpft. Wie konnte ich nur die wertvolle Zahnpasta aufessen!

Was hat mich zu Beginn meiner Schulzeit besonders geprägt? Es ist dies: Wir wurden herumgeschoben, heute hier, morgen dort. Jedes Jahr ein neuer Lehrer, neue Klassenkameraden. Niemand hat uns gefragt, ob uns das gefiele. Die Not hat erst einmal regiert. Ich bewundere allerdings unsere Lehrer. 68 Kinder in einer Klasse zu unterrichten, dazu kaum Unterrichtsmaterial. Alles ging auswendig und ich habe, besonders aus dem 3. Schuljahr, viele Dinge, wie der Lehrer mit uns umging, bis heute behalten.

Danke nach all den Jahren!

Jutta im Alter von sechs Jahren bei ihrer Einschulung

Rudolf Weida,
Jahrgang 1951,
aus Essen

SCHULFREI AM REFORMATIONSTAG

Rudolf Weida berichtet von der Trennung von katholischen und evangelischen Kindern in den Schulen.

Im Frühjahr 1958 bin ich eingeschult worden. Ende der 1950er Jahre gab es noch überwiegend Konfessionsschulen, auch Bekenntnisschulen genannt. Diese Schulen waren in der Regel evangelisch oder katholisch.

In Katernberg, einem Stadtteil im Essener Nordosten, gab es die evangelische Distelbeckschule und unweit davon die katholische St.-Josef-Schule. Alle Kinder aus unserer Straße – sie hieß Heibauerfeld – besuchten eine dieser beiden Schulen. Jeden Morgen trafen wir uns, um gemeinsam zu den Schulen zu gehen. Wir waren etwa 20 Kinder. Die

Größeren gingen immer vorne, die Kleineren dahinter.

150 Meter vor den Schulen an einer Kreuzung trennte sich die Gruppe. Die Evangelischen gingen weiter geradeaus und die Katholischen bogen nach links. An den gesetzlichen Feiertagen war schulfrei. Weihnachten, Ostern, Pfingsten oder am 1. Mai und am 1. November brauchten wir alle nicht in die Schule.

Der 31. Oktober ist der Reformationstag und an diesem Tag hatten nur wir Evangelischen schulfrei. Dadurch gab es für uns zwei schulfreie Tage hintereinander. Am Morgen des Reformationstages lagen wir Evangelischen in den Fenstern und machten uns einen Spaß daraus, den katholischen Kindern zuzuwinken, und sahen, wie sie sich etwas mürrisch und neidisch auf den Schulweg machten.

Auch später, als ich aufs Leibniz-Gymnasium kam, ging die Trennung von Katholiken und Protestanten weiter. Es gab evangelischen und katholischen Religionsunterricht.

In der Straße Heibauerfeld in Essen wohnten viele Kinder. Ab und zu wurde ein großes Kinderfest gefeiert, bei dem sich alle verkleideten

Auf dem Roller unterwegs in der Köln-Mindener Straße

Rudolf und seine Mutter im Kaiser-Wilhelm-Park in Essen

Im Kinderwagen mit den Eltern Herta und Rudolf

Rüdiger Bischoff,
Jahrgang 1939,
aus Herne

STREICHE MIT DEM TINTENFASS

Rüdiger Bischoff hat das Buch „Opa und ich" für seine Enkelin Carla geschrieben. Darin sind auch seine Erinnerungen an seine Schulzeit in Wanne-Eickel.

Ab 1947 bin ich in die Kirchschule in Wanne gegangen. Von unserer Wohnung bis zur Schule waren es über zwei Kilometer. Diese Strecke musste ich jeden Schultag gehen, zwei Kilometer hin, zwei Kilometer zurück, egal, ob es regnete oder schneite. Wenn ich erkältet war und es mir nicht so gut ging, durfte ich mit der Straßenbahn fahren; eine Fahrt kostete 20 Pfennig (umgerechnet sind das heute 10 Cent). Die Rennerei zur Schule machte mir keinen großen Spaß.

Die Kirchschule war ein altes Gebäude. Der Lehrer schrieb mit Kreide an die Wandtafel und wir Schüler hatten Schiefertafeln, auf die wir mit einem Griffel schreiben konnten. In die Tafel waren auf der einen Seite Schreib-Linien eingeritzt und auf der anderen Seite Zahlen-Kästchen. An der Tafelseite war ein Schwamm befestigt, den machte man nass und wischte dann damit das Geschriebene wieder weg.

Jede Klasse hatte etwa 40 Schüler und jeweils vier Schüler saßen zusammen in einer Pultbank. Die hatte Klappsitze und mit denen konnte man während des Unterrichts prima Quietschtöne machen. In der Pultfläche vorne waren jeweils für zwei

Schüler Tintenfässer eingelassen. Für die Tinte darin sorgte der Hausmeister.

Tinten-Füller hatten wir nicht. Wenn wir mit Tinte in ein Heft schreiben mussten, dann hatten wir dafür einen Federhalter. Die Schreibfeder wurde ins Tintenfass getaucht und man konnte dann ein oder zwei Worte schreiben.

Ein beliebter Streich war, dass ein Schüler die hinter ihm sitzenden Schüler so ablenkte, dass sein Nebenmann unbemerkt Tafelkreide-Pulver in deren Tintenfass schütten konnte. Die Tinte schäumte über und es gab auf der Pultfläche eine grandiose Tinten-Schweinerei.

Wenn man dabei erwischt wurde, gab es dann meistens Haue, mit einem Rohrstock auf die Handflächen oder auf den Hosenboden. Lehrer durften damals noch Schüler verhauen. Auch Mädchen bekamen Schläge auf die Handflächen, wenn sie was angestellt hatten. Obwohl ich ein ruhiger, zurückhaltender Schüler war, so kann ich mich doch daran erinnern, dass auch ich hin und wieder Senge bekam. Vielleicht dafür, dass ich mal die Hausaufgaben nicht gemacht hatte.

In jeder Klasse stand in einer Ecke ein runder, eiserner Kohleofen. Im Winter kam dann der Hausmeister auch während des Unterrichts in die Klasse und schüttete in das lodernde Ofenfeuer Kohle nach, damit Lehrer und Kinder es schön warm hatten. Wenn man mal so nebenbei, beim Reingehen in die Klasse, einige Zündplättchen von einer Knallplättchen-Pistole auf den Ofen legte, so brauchte es eine Weile, bis diese sich erhitzten und dann laut knallend losgingen – man saß dann schon lange brav in der Schulbank.

Es war ja erst ein paar Jahre nach dem Krieg und viele Leute hatten nicht genug zu essen. Auch viele Kinder kamen hungrig zur Schule und hatten auch kein Pausenbrot dabei. Für uns Schulkinder hatten die englischen Besatzungssoldaten eine Schulspeisung eingerichtet: Ein paar Mal in der Woche kam ein Lastauto und brachte große Kübel, in denen warmes Essen für uns war. Wir Kinder hatten alle Blechnäpfe von zu Hause mitgebracht und in diese füllte der Hausmeister mit einer Kelle meistens Erbseneintopf, es gab aber manchmal auch Milchsuppe.

Der große Bruder mit seinen Geschwistern Reinhard (l.) und Leonhard

Die Eltern Veronika und Arthur mit den drei Söhnen

SPIELEN

Die Straße war der Spielplatz, von morgens bis abends. Die Kinder spielten Cowboy und Indianer, sie knickerten, kletterten, hinkelten und erfanden manches neue Spiel.
In Zeiten ohne Fernsehen und Computer war viel Fantasie gefragt.

SPIELEN

Margret Simmer,
Jahrgang 1946,
aus Hünxe

EINE LAKRITZFLASCHE ALS ERFRISCHUNG

Margret Simmer erzählt von verschiedenen Spielen, die sie als Kind sehr gemocht hat.

Mein Bruder und ich spielten in der Küche oft ein Spiel, für das wir einen Schuhkarton, Knicker (Murmeln) und Knöpfe benutzten. In den Schuhkarton wurden fünf Türchen in verschiedenen Größen geschnitten. Über diesen Öffnungen standen die Zahlen 1 bis 5. Dieser Karton wurde auf den Fußboden an eine Wand gestellt, die Öffnungen nach vorne.

Von unserer Mutter bekamen wir jeder 30 Knöpfe „zum Verspielen". Dann knieten wir uns abwechselnd in ca. zwei Meter Entfernung vor diesen Karton und versuchten, unsere fünf Knicker in eine der Öffnungen zu rollen. Die Treffer wurden zusammengezählt und wir mussten sie uns gegenseitig in Knöpfen ausbezahlen.

Am Ende verlor natürlich der, der am wenigsten Knöpfe übrig behielt. Unsere Mutter hatte meistens ein bis zwei Stunden Spielzeit vorgegeben. Wenn einer von uns beiden keine Knöpfe mehr hatte, wurde das Spiel vorzeitig beendet. Es waren teilweise sehr schöne Knöpfe. Früher waren in jedem Haushalt riesige Mengen an Knöpfen vorhanden.

Für den Stelzenlauf nahmen wir zwei große Konservendosen. Die offene Seite war unten. An die beiden Seiten des oberen Teils klopften wir mit dem Nagel je ein Loch und zogen eine lange Schnur durch. Dann stellten wir uns mit den Füßen auf die beiden Dosen, hielten die Schnüre mit den Händen fest und liefen los.

Bei dem Spiel „Mutter, darf ich?“ steht ein Kind mit dem Gesicht zur Wand (bei uns war's die Hauswand) und eine beliebige Anzahl (vier bis sechs Kinder) stehen im Abstand von ca. fünf Metern auf der Straße. Dann ruft eins der Kinder: „Mutter, darf ich?“ Das an der Wand stehende Kind ruft: „Ja!“ Dann kommt die nächste Frage: „Wie viele Schritte?“ „Vier“ kann zum Beispiel die Antwort sein. Dann läuft das Kind vier Schritte nach vorne. Anschließend ist das nächste Kind dran. Wer als Erster an die Hauswand anschlagen kann, darf Mutter sein.

Als Erfrischung machten wir uns eine Lakritzflasche. Das war unsere Limonade. In eine Wasserflasche mit Bügelverschluss gaben wir ein zwei Zentimeter langes Stück von einer echten Lakritzstange. Je nach Flaschengröße wurden ein bis zwei Esslöffel Zucker und ein Schuss Haushaltsessig zugegeben. Dann wurde die Flasche mit Wasser aufgefüllt. Es mussten aber noch mindestens zehn Zentimeter bis zum Flaschenabschluss frei bleiben.

Dann wurde geschüttelt, wir öffneten den Bügelverschluss und nuckelten am Schaum. Diese Flasche hatten wir oft über mehrere Stunden bei uns und schüttelten und nuckelten an ihr je nach Lust und Laune.

Am Anfang schmeckt es süßsäuerlich, später, wenn die Lakritzstücke sich mehr und mehr auflösen, natürlich sehr lakritzlastig und das Wasser wurde ja auch weniger. Wir mussten am Schluss feste nuckeln, um überhaupt noch mal etwas vom Schaum zu bekommen.

Margret als Baby mit einer Brotkruste in der Hand

Zur Einschulung gab's eine Schultüte

Erster Schultag 1952

Margret mit ihrem Puppenwagen

Peter Berger,
Jahrgang 1938,
aus Düsseldorf

FLUCHT ÜBER DEN FLUGHAFEN

Peter Berger wuchs in Düsseldorf-Unterrath ganz in der Nähe des Flughafens auf. Mit vielen anderen Kindern spielte er jeden Tag draußen und unternahm so einige Streiche. Er berichtet von einer Begebenheit aus dem Jahr 1950.

Weit hinten auf einem Feld sahen wir einen hohen, hellleuchtenden Strohhaufen frisch aufgestellt stehen. Dazwischen war der Flughafenzaun und die Landebahn. „Kommt, lasst uns zu dem Strohhaufen gehen", meinte einige. „Darauf können wir bestimmt herumtoben, herunterspringen sowie rutschen." Der Idee schlossen sich alle an. Am Zaun entlang liefen wir dorthin. War das ein Spaß, auf die gebündelten Strohballen zu klettern und wieder herunterzurutschen oder zu springen! Leider währte die Freude nicht lange, es näherte sich der Bauer, dem das Stroh gehörte. Einige bemerkten ihn schon recht früh und kletterten über den rettenden Flughafenzaun. Der war immerhin 2,5 Meter hoch und oben noch mit Stacheldraht gesichert.

Karlheinz, Peter und ich waren noch im Stroh, als der Bauer laut schimpfend vor uns stand. Die Warnrufe der anderen hatten wir im raschelnden Stroh zu spät gehört. Ich flitzte verzweifelt zum Zaun, musste aber sofort erkennen, dass ich da nicht mehr rechtzeitig hochkam. Der Bauer würde mich an den Beinen herunterziehen. Unten, zwischen Drahtzaun und Grasnarbe, sah ich einen schmalen Spalt. In den warf ich mich mit aller Wucht hinein. Zu meiner Verwunderung befand ich mich auf der anderen Seite des Zaunes. Karlheinz und Peter machten es mir nach und wir drehten dem Bauern eine lange Nase. Der war viel zu dick, um durch den Spalt zu kommen, dessen waren wir uns ganz sicher. Böse schimpfte er hinter uns her und drohte mit der Polizei.

Jetzt tat sich für uns ein neues Problem auf. Wir standen vor dem letzten Viertel der Start- und Landebahn des Flughafens, was nicht ganz ungefährlich war. Würde der Bauer seine Drohung wahr machen, blieben uns höchstens 20 Minuten Zeit. Wir mussten uns beeilen, damit die Polizei uns nicht erwischte. Auf meinen Rat hin machten wir uns vor der Landebahn ganz klein, damit wir vom Tower nicht gesehen wurden. Das wäre eine Aufregung gewesen, die Feuerwehr hätte ausrücken müssen, Polizisten wären erschienen und wer weiß, was sonst noch alles passiert wäre. Das machte ich allen ganz deutlich klar.

Wir beobachteten aufmerksam den Luftraum, um zu sehen, ob ein Flugzeug im Anflug war. Danach schauten wir auf den Taxiweg, ob ein Flugzeug zum Start rollen würde. Bei dem damaligen Flugverkehr – alle halbe Stunde kam eine Maschine – war das nicht so sehr gefährlich. Als alles überprüft war, machten wir uns dicht geschlossen auf und hasteten gebückt, damit keine Köpfe zu sehen waren, über die ca. 50 Meter breite Piste. Vom Tower sollte es aussehen, als ob Tiere über die Landebahn liefen. Nach ca. 300 Metern versperrte uns ein Maschendrahtzaun den weiteren Weg. Er war nicht so hoch wie der vorherige und hatte als Abschluss keinen Stacheldraht.

Nach Überwinden des letzten Hindernisses verschwanden wir erst mal im „Pater Büschchen", um sicher zu sein, dass uns auch niemand folgte. In dem kleinen Wäldchen befand sich das Kloster der Kartäuser Mönche. Karlheinz kam auf die verrückte Idee, bei den Mönchen anzufragen, ob sie für uns etwas zu essen hätten. Das hätte ich mich nie getraut, aber Karlheinz kam aus einer kinderreichen Familie und besaß da keine Hemmungen. Frech klopfte er an die Pforte, ein Mönch schaute hinter einer Türklappe hervor. Karlheinz äußerte seinen Wunsch. Es waren freundliche Menschen, die uns Rasselbande schließlich hereinließen.

In einem langen kühlen Vorraum mit einem einfachen groben Holztisch und ebensolchen Holzbänken ließen wir uns nieder. Gespannt warteten wir, was jetzt kommen würde. Es dauerte eine Weile, dann ging die Tür auf. Ein schweigsamer Mönch mit einem Topf dampfender Suppe kam herein. Jeder bekam eine Blechschüssel mit Holzlöffel vorgesetzt, der gute Mensch teilte jedem seine Portion zu. War die Suppe aufgegessen, bekamen wir noch einen Apfel geschenkt. Danach gab man uns durch eindeutige Gesten zu verstehen, dass wir gehen können. Draußen vor dem Eingangstor wunderten wir uns über diese Menschenfreundlichkeit. Von nun an war es Ehrensache, dass wir die Mönche in Ruhe ließen und keine Streiche gegen sie führten.

Der Schulfotograf machte dieses Foto

Peter (M.) mit seinem Neffen Horst und dem Nachbarskind Edeltraud

Gisela Domeyer,
Jahrgang 1932,
aus Wesel

VON GLASKUGELN, KNICKERN UND EISKAS

Gisela Domeyer erzählt, wie begeistert die Jungen früher mit Murmeln verschiedenster Art gespielt haben.

Eigentlich spielten wir viel auf der Straße, denn Autos kamen ganz selten. Im Winter, wenn das Wasser in der Gosse (das war der Rinnstein) gefroren war, war das unsere Schlinderbahn. Man konnte, je nach Schuhsohlenart, sehr gut drei bis vier Meter rutschen. Die größeren Jungen kippten sich zwei Eimer Wasser aus der Pumpe auf die Straße – da, wo sie ziemlich eben war – und konnten so natürlich noch besser schlindern.

Weil die Leute noch kein fließendes Wasser in der Wohnung hatten, war auf einer Straßenseite immer zwischen je zwei Häu-

sern eine Pumpe. Sie bestand aus einem eineinhalb Meter hohen Rohr mit einem Holzkasten drumherum, der oben offen war, einem Kran und einem Wasserhahn. Daran holten alle Leute ihr ganzes Wasser.

Wenn es dunkler wurde, spielten alle Verstecken zwischen Häusern und Gärten. Die Jungen hatten jeder einen Beutel mit Knickern (kleine Tonkugeln) und einen Beutel mit Glaskugeln und je nach Besitz zwei bis drei Eiskas – das waren Kugeln aus Metall und schwerer. Mit den Eiskas wurde geknickert. Das heißt, einer warf zuerst eine Kugel, der Nächste versuchte sie zu treffen. In einer Kuhle auf der Straße war der sogenannte „Platz". Wer am nächsten am „Platz" war, bekam von den anderen einen Knicker. Wer ins Loch traf, bekam eine Glaskugel oder zehn Knicker. Wenn einer das Glück hatte, beim ersten Wurf seine und eine Gegnerkugel zusammen ins Loch zu kriegen, bekam er vom Verlierer eine Eiska oder drei Glaskugeln. Das war das Lieblingsspiel der Jungen.

Die Mädchen machten Seilchen springen, allein oder in Gruppen, oder ein Hand-Schnur-Spiel, das „Abnehmen" hieß. Alle spielten, bis sie reingerufen wurden.

Gisela (r.) und ihre Mutter Ida

Gisela am Tag ihrer Hochzeit mit Johannes, neben ihnen sitzen Giselas Eltern Josef und Ida

Detlef Albrecht,
Jahrgang 1942,
aus Essen

RÄUCHERPÖTTCHEN AUS KONSERVENDOSEN

Detlef Albrecht hatte als Kind keine Langeweile. Gespielt wurde überall in der Siedlung, dabei war oft Fantasie gefragt.

Ende der 1940er Jahre wurden die Trümmer der zerstörten Wohngebäude nach und nach abgeräumt. Der Wiederaufbau begann und mit ihm kam das „Wirtschaftswunder", das auch durch Unterstützung aus dem amerikanischen Marshallplan möglich wurde. Auf den Straßenbahngleisen in der Essener Kruppstraße standen lange Reihen von Schutt beladenen Kipploren, die auf den Abtransport warteten. Abends, wenn die Arbeiter Feierabend hatten, kletterten wir Kinder auf die Loren und durchsuchten den Schutt nach brauchbarem Spielzeug. Manchmal fanden wir beschädigte Püppchen, Holzklötze oder verknickte Sammelbilder. Für uns waren das kleine Schätze.

Nach dem Wiederaufbau der Wohnhäuser entstand im Innenbereich unserer Krupp-Kleinwohnungsbausiedlung ein kleiner Park mit Buschwerk, einem Spielplatz und zwei Sandkästen. Für die Sandkästen waren wir bald zu groß, deshalb suchten wir uns andere Beschäftigungen:

Wir gruben Erdhöhlen und bauten mit Wellblechen und Holzbrettern Buden für unsere Indianer- und Cowboyspiele.

Gleich bei dem kleinen Spielplatz wohnte ein garstiger alter Kinderschreck, der unseren Lärm wohl nicht ertragen konnte und immer versuchte, uns vom Spielplatz zu vertreiben. Er kam oft wütend aus dem Haus gerannt und drohte mit seinem Krückstock. Wir waren aber schneller als der alte Griesgram.

Mit unseren „Räucherpöttchen" konnten wir ihn besonders ärgern. In alte Konservendosen schlugen wir Löcher in die Böden und in die Seiten, befestigten eine Schnur an den Seiten, stopften die Dosen mit trockenem Laub voll, steckten es an und drehten und schwenkten die Dosen, sodass dicker Qualm herauskam. Die Räucherpöttchen stanken fürchterlich.

Im Park fanden auch unsere Kinderschützenfeste mit Umzügen, Königspaar und Krepppapier umwickelten Bögen statt, die von zwei Helfern links und rechts des Königspaares feierlich daher getragen wurden. Die anderen Kinder folgten kostümiert dem Königspaar. Zu Karneval gingen die Kinder der Siedlung kostümiert in den Park. Im Innenbereich der Siedlung konnten wir Kinder zwar von drei Seiten beobachtet werden, aber das störte uns nicht weiter. Wir kletterten und turnten an den Teppichstangen, die für jeweils drei Mehrfamilienhäuser aufgestellt waren, oder wir „knickerten" mit kleinen farbig lackierten Tonkügelchen. Mit dem Schuhabsatz drehten wir dazu ein Loch in den Aschenplatz und aus vorher genau festgelegter Entfernung warfen und rollten wir die Kugeln in das Loch. „Knickern" war eine Mischung aus Mini-Boccia und Lochbillard. Wer zuerst alle Kugeln im „Pott" hatte, war Sieger und bekam sämtliche Knicker aller Mitspieler. Am liebsten spielten wir mit Glaskugeln, die sahen hübscher aus und rollten besser als die Tonknicker. Aber sie waren deutlich teurer, man durfte sie deshalb gegen die billigeren Tonknicker austauschen, wenn man verloren hatte.

Wir spielten Spiele, die einfach und nicht teuer waren. Es gab ja buchstäblich nichts. Wir hinkelten auf Plattenwegen, spielten Völkerball und erfanden manches neue Spiel. Fantasie war gefragt, wir hatten keine Langeweile.

Im zweiten Schuljahr gingen über 40 Kinder in Detlefs Klasse

Als Achtjähriger neben einem Mann im Eisbärkostüm

Im Innenhof der Kruppsiedlung in Essen spielten immer viele Kinder

Heinrich Schlottmann,
Jahrgang 1939,
aus Essen

„HEINI IS UNS EIERFREETER!“

Heinrich Schlottmann kletterte mutig in eine Baumkrone, um ein Elsternnest auszunehmen. Doch dann kam ein deftiger Windstoß.

Meine ersten 16 Jahre erlebte ich in einem kleinen Dorf in Schleswig-Holstein. Es war die schwere Kriegs- und Nachkriegszeit, die wir Kinder zunächst noch nicht bedrückend empfanden. Doch das änderte sich, als die vielen Flüchtlinge und Heimatvertriebenen aus den deutschen Ostländern in unser Dorf kamen. Auf einmal gab es sehr viele Kinder, die alle so anders sprachen als wir mit unserem Holstenplatt. Dem hörten wir immer ganz gebannt zu, wenn sie aus ihren Heimatländern und -orten erzählten. Und was die für Spiele kannten, von denen wir nie gehört hatten! Unsere Tage waren restlos ausgefüllt und jeder neue Tag brachte ungeahnte Abenteuer.

Im zeitigen Frühjahr wurden wir alle von unseren Eltern in die Feldmark geschickt – zusätzliche Nahrung zu beschaffen. Denn die Hungersnot war groß. Aus dieser Aufgabe wurde sehr schnell wildes Jungenspiel. Sobald wir in den noch spärlich belaubten weithin sichtbaren Bäumen in Knicks und Feldern Krähen- und Elsternester entdeckten, ging der Wettlauf los, wer als Erster einen solchen Baum erwischte. Er allein durfte dann den Versuch wagen, ihn zu erklettern, in das Nest greifen und fühlen, ob bereits Eier darin lagen. Diese wurden vorsichtig in den Mund genommen und wieder auf sicherem Boden in einen Korb gesammelt. Zu Hause wurden sie ausgeblasen und Mutter machte daraus Rühr- oder auch Spiegelei. Dazu dann gekochte Kartoffeln mit etwas Marmelade als Tunke. Die leeren Eierhülsen wurden auf Kordeln gezogen und als Wandschmuck aufgehängt.

An einem besonders sonnigen, aber recht windigen Tag entdeckte ich ein Elsternnest in einem hoch über der eigentlichen Baumkrone hinausgewachsenen Ast. Keiner der Jungen wagte sich bei dem Wind hinauf. Mich packte der Ehrgeiz und ich wollte von den Kameraden bewundert werden: „Heini, dat schaffst du nich!" „Dat will ik ju wiesen (Das will ich euch zeigen)!", und hinauf ging's. Zuerst gab's keine Schwierigkeiten in dem dicken Geäst. Aber dann die letzten zwei Meter! Der Ast schwankte vom Wind und meinem Gewicht. Angst befiel mich, ich klammerte mich wie ein Affe an den Stamm und wagte kaum mich zu rühren. Von unten drang das höhnische Gelächter herauf. Also weiter. Ich wollte mich doch nicht blamieren.

Krampfhaft mit der linken Hand festgehalten, mit der rechten ins Nest gefühlt – du meine Güte, das war ja ein riesiges Gelege! Wie sollte ich die alle hinunter bekommen? Zweimal in diese Höhe? Nein, das war selbst mir zu mühsam. Also alle irgendwie in die Backentaschen gestopft und zwischen die Zähne. Schon auf dem Rückweg und froh Sieger zu sein, kam ein deftiger Windstoß. Vor Schreck herunterzufallen, biss ich die Zähne zusammen und schluckte unwillkürlich. Was dann kam, könnt ihr euch alle denken: Verschlucken, Husten, Spucken und das dort oben in windiger Höhe. Von unten drang das Gespött der Freunde herauf. Wer den Schaden hat, braucht für den Spott nicht zu sorgen! Von jenem Tag an hatte ich meinen Spitznamen weg: „Heini is uns Eierfreeter!"

Mit den Cousinen und dem jüngeren Bruder in Hamburg-Harburg

Im neuen Sonntagsanzug aus Militärtuch

Heinrich (r.) und sein Bruder Ulrich

Ein Schulfest der Dorfschule in Todesfelde (Schleswig-Holstein)

Wilma Duckwitz,
Jahrgang 1935,
aus Moers

EIN BALL AUS STOFFFETZEN

Wilma Duckwitz erinnert sich an viele Entbehrungen und erzählt von ihrer besonderen Bindung zu einer Puppe.

Meine Kindheit, hauptsächlich bestehend aus einer heiß geliebten Puppe und einem Puppenhaus, das mein Vater für mich angefertigt hatte, zerplatzte mit den ersten Bombenangriffen des Zweiten Weltkrieges. Mit meinem Elternhaus wurden auch Puppe und Puppenhaus zerstört.

Selbst als man die Tage und die Schulzeit nicht mehr im Bunker verbrachte, war das Spielen mit anderen Kindern eine Herausforderung der eigenen Fantasie: Aus Stofffetzen entstand der Ball für das beliebte Spiel Schlagball, die verrostete Blechdose am Bach erschien mit einer Decke aus Blättern auf einmal als Esstisch und Glanzbilder wurden zu angesagten Tauschobjekten.

So kam es mir wie eine Belohnung vor, als mein Bruder Erich von den Engländern als Koch angeheuert wurde und er mich einlud, ihn an seinem Arbeitsplatz zu besuchen. Als ich der Einladung im Jahr 1945 folgte, fand ich mich auf einmal vor einem eisernen Tor wieder, das von den englischen Alliierten bewacht wurde. An die Angst, die ich in diesem Moment – glücklicherweise unbegründet – empfand, kann ich mich heute noch erinnern. Genauso wie an den

Duft und Geschmack des schwarzen Tees, den ich dort das erste Mal getrunken habe. Der Tee hat besser als alles andere geschmeckt, das ich je zuvor gegessen oder getrunken habe.

Auch heute noch trinke ich gerne schwarzen Tee, aber nur mit Sahne wie damals. Er ist der süße Nachklang einer bitteren Kindheit, in der ich viel Verlust erfahren musste, aber durch die ich auch vieles schätzen gelernt habe. Sei es der Duft, der aus einer Bäckerei zu mir herüberweht, oder sei es der Anblick von Spielzeug in dem Bewusstsein, dass ich es mir jederzeit kaufen kann.

Und auch wenn ich vieles in der Kindheit verloren habe, so habe ich doch auch vieles wiedergefunden. Wie die Puppe, die ich mir 1997 gekauft habe und die meiner alten zum Verwechseln ähnlich sieht.

Wilma auf dem Arm ihres Vaters

Wilma im ersten Schuljahr ...

... und als 14-Jährige in der Schule

KLEIDUNG

Ein Mädchen in Hosen? Niemals! Die Mädchen trugen Kleider und Schürzen, die Jungen kurze Stoffhosen mit Hosenträgern. Im Winter gab's dazu Wollstrümpfe. Mit Gummibändern wurden sie an einem Leibchen befestigt.

SPIELEN

Elisabeth Böcker,
Jahrgang 1940,
aus Essen

LANGE STRÜMPFE UND EINE TOLLE IM HAAR

Elisabeth Böcker trug als Kind stets Kleid und Schürze, im Winter mit Leibchen und Strümpfen. Dann kamen endlich die Strumpfhosen.

Damals liefen Mädchen mit Kleidchen, Schürzchen und Schleifen im Haar herum. Als Fünfjährige hatte ich einen Bubikopf und eine Tolle und ganz blonde Haare. Anderthalb Jahre später waren meine Haare länger und dunkler geworden, doch immer noch galt: Kleidchen, Schürze, Schleife im Haar. Und im Schuh Löcher. Aber Ostern 1947 waren meine Eltern überhaupt froh, dass sie Schuhe für mich ergattert hatten. Vielleicht waren es Schuhe, die vor mir schon jemand getragen hatte?

Im zweiten Schuljahr gab's die Tolle immer noch, aber die Haare waren gewachsen. Also machte meine Mutter „Affenschaukeln". Mit langen Haaren hätte meine Mutter mich nicht in die Schule gehen lassen: völlig unmöglich zur damaligen Zeit. Kinder trugen Bubikopf oder eben Zöpfe. Meine Zöpfe haben mich bis zum 15. oder 16. Lebensjahr begleitet. Ich war, glaube ich, die Vorletzte, die ihre Zöpfe abschneiden lassen durfte.

Nach dem Krieg ließ meine Mutter eine Friseuse ins Haus kommen. Die legte die krausen Haare in schöne Wellen: mit einer Brennschere. Die wurde auf dem heißen Kohleherd heiß gemacht, dann an einem Stück Zeitungspapier probiert, ob sie nicht zu heiß war; denn man konnte ganz gut die Haare oder gar Kopfhaut damit verbrennen! Die Friseuse hieß Fräulein Holzapfel. Der Name hat mich als Kind immer belustigt: Ein Apfel aus Holz, das geht doch gar nicht.

Im Winter trugen wir zu unseren Kleidchen lange Strümpfe. Strumpfhosen gab es noch nicht, die waren noch nicht erfunden. Aber wie wurden die langen Strümpfe befestigt? Jedes Kind, ob Junge oder Mädchen, trug im Winter ein „Leibchen". Das war ein Hemd mit vier Bändern dran. Daran war ein Knopf und eine Öse. Man nahm das Ende des Strumpfes, also den obersten Rand, zwischen Knopf und Öse, zog den Knopf in die Öse und schon hielt der Strumpf. Aber wenn es so richtig kalt war, hatte man eine ganz kalte Stelle zwischen Strumpfende und Höschen.

Als die Zeiten wieder besser wurden, nach der Währungsreform, gab es wieder die weltberühmten Bleyle-Schlüpfer aus Wolle. Die waren teuer, aber warm! Und sie gingen fast bis zum Knie.

Wenn man langsam größer wurde, dann hieß man „Backfisch". Heute sagt man Teenager. Als ich also ein Backfisch war, bekam ich statt eines Leibchens einen Hüft- oder Strumpfhalter. Der funktionierte genauso wie das Leibchen, mit vier Strapsen.

Bis in den Krieg hinein hatten die feinen Damen Seidenstrümpfe getragen. Nach dem Krieg tauchten so langsam die Nylonstrümpfe auf, mit einer Naht hinten in der Mitte. War das eine Not, diese Naht immer in der Mitte zu haben!

Ende der 60er Jahre kamen die Strumpfhosen in Mode, aus Nylon oder Wolle. Was war das für eine tolle Erfindung! Keine Naht mehr, die immer verrutschte, keine kalten Beine mehr. Ich halte die Strumpfhose für eine der besten Erfindungen für uns Frauen und Mädchen, auch für kleine!

Elisabeth und ihre Mutter Adelheid

Im zweiten Schuljahr

Renate Reineke,
Jahrgang 1940,
aus Emmerich

„MEIN BLAUES KLEID AUS DER KINDHEIT"

Renate Reineke erzählt, welchen Erinnerungswert ein altes Kleidungsstück haben kann.

Ich bin 1940 in Pommern geboren. Meine Familie musste 1945 vor den einziehenden russischen Truppen fliehen. Wir kamen auf Umwegen endlich nach Gudow. Das ist ein kleiner Ort nahe der Till-Eulenspiegel-Stadt Mölln in Schleswig-Holstein. Die Gutsherren mussten uns Flüchtlinge aufnehmen und so habe ich meine wichtigsten Kinderjahre in einem Schloss in Gudow verbracht.

Es war eine schöne Zeit. Wir waren zwar arm, aber da mein Vater und meine großen Brüder auf dem Gut in der Landwirtschaft arbeiten konnten, hatten wir wenigstens genug zu essen.

Im zweiten Schuljahr kam dann mein großer Tag. Ich wurde Schützenkönigin und hatte einen Wunsch frei. Einen schönen Stoff wünschte ich mir, damit ich endlich ein neues Kleid bekam. Und ich bekam es auch – ein schönes, blaues Kleid mit Edelweißblüten und roten Herzen. Ich war stolz wie eine Königin.

Eines Sonntags, ich hatte mein neues Kleid an, schubste mich ein großer Junge von der Schaukel und ich zerriss mir mein Kleid. Ein langer, großer Riss! Ich hatte Angst, damit nach Hause zu gehen. Meine Mutter, die das Kleid genäht hatte, würde bestimmt schimpfen.

Glücklicherweise hatte die Freundin meiner Mutter eine Nähmaschine. Sie nähte den Riss wieder zu. Ich war glücklich. Meine Mutter wunderte sich zwar immer, dass da eine Naht war, aber sonst hat sie nichts weiter bemerkt. So verging die Zeit und mein Kleid wurde mir zu klein.

1951 zogen wir nach Emmerich. Mein Vater hatte ein kleines Haus gekauft, das er selbst reparierte und umbaute. Ich war längst erwachsen, als ich eines Tages nach Hause kam und bemerkte, dass irgendetwas passiert sein musste. Die Dachdecker, die unser Haus neu eindecken sollten, standen herum und schimpften und fluchten. Was war passiert? Sie hatten beim Dachdecken in ein Wespennest gefasst. Einige der Dachdecker hatten mehrere Stiche abbekommen.

Auf dem Rasen vor dem Haus lagen die Sachen, mit denen mein Vater das Dach früher gedämmt hatte. Davon hatten sich die Wespen ein Nest gebaut. Und mitten in dem ganzen Durcheinander sah ich etwas Blaues schimmern. Wie ich näher hinsah, fand ich mein schönes blaues Kleid. Es war zwar kaputt und dreckig, aber ich war glücklich, ein Stück aus meiner Kindheit in Händen zu halten. Ich habe es gewaschen und habe es heute noch.

Renate (l.) in Gudow (Schleswig-Holstein) im Jahr 1947

IM GARTEN

Wer einen Garten hatte, musste nicht hungern. Hier bauten die Familien Obst und Gemüse an, Hühner legten Eier und kamen später in den Topf. Auch Kaninchen und sogar Schweine wurden geschlachtet – Fleisch war etwas Besonderes.

IM GARTEN

Christa Rüger, Jahrgang 1942, aus Bergisch Gladbach

„UNSERE JOLANTE, DIE PFÖTCHEN GAB"

Ein rosa Ferkel wurde für Christa Rüger und ihre Schwestern zum Spielgefährten. Doch dann kam der Schlachter.

Als meine Eltern, meine zwei Schwestern und ich nach dem Ende des Krieges nach Rheinhausen zurückkehrten, war die Not groß. Mutti erzählte oft, dass wir Kleinen vor dem Küchenschrank standen und bettelten: „Mutti, nur eine trockne Schnitte Brot!"

Glücklicherweise half unser Schrebergarten in der „Kleingartenanlage Stadtmitte", den Vati schon in den 30er Jahren gepachtet hatte, über manchen Engpass hinweg. Der Garten gab unserer fünfköpfigen Familie reichlich Obst, Gemüse, Salat, Kartoffeln und Blumen; auch Dinge, die man tauschen konnte. So z. B. die Brombeeren und das Obst bei einem örtlichen Metzger gegen fetten Speck und frische Wurst usw.

Irgendwann im Jahr 1950 erstand Vati noch ein kleines Ferkel. Nahezu in allen Schrebergärten gab es damals einen kleinen Schweinestall. Unser Junges war rosarot und sprang fröhlich quiekend durch einen abgegrenzten Teil des Gartens. Wir tauften es spontan „Jolante". Gefüttert wurde es mit dem, was in unserer Küche übrig blieb. Oder Vati erhielt von netten Nachbarn einen Eimer mit Küchenabfällen. Reste aus unserer Küche gab es nur sehr wenige, und wenn, kamen sie zum Abendessen wieder auf den Tisch, weil sie für Jolante zu schade waren. Dann kochte Mutti für das Schweinchen Kartoffelschalen, die beim Garen fürchterlich stanken!

Wir hatten unser kleines Ferkel schnell ins Herz geschlossen, zumal wir uns keinen Hund halten durften. Wir freuten uns im Sommer schon darauf, nach der Schule mit unserer bald zutraulich gewordenen, grunzenden „Freundin" spielen zu können. Das Tier juckte und schabte sich fortwährend an unserem dicken Pfirsichbaum. Wenn wir der ausgewachsenen Wutz eine Futterschüssel präsentierten, hob sie ein Pfötchen und schmatzte in die Schüssel. Als sie größer würde, ließ sie es sich gefallen, von uns zum Pony umfunktioniert zu werden. Wer am längsten von uns Schwestern auf ihr sitzen blieb, hatte gewonnen!

Monate gingen ins Land, Jolante war inzwischen zu einer stattlichen Sau herangewachsen, kam ich einmal von der Schule aus direkt in unseren Garten. Zusammen mit Vati stand dort ein fremder Mann mit einer großen, blutverschmierten Schürze um. Es war wahrscheinlich der Metzger, denn normalerweise schlachtete Vati, ohne dass wir das mitbekamen, unsere Hühner und Kaninchen selbst! Das Schlimmste: Unsere geliebte Jolante hing – genau in der Körpermitte geteilt – auf einem Holzgerüst an der grauen Mauer des Schrebergartenhäuschens! Nein, war der Anblick schrecklich! Ich kann mich noch gut erinnern, dass ich – acht Jahre alt – Rotz und Wasser heulte und wie von der Tarantel gestochen weinend nach Hause rannte!

Der Metzger, der das Schwein geschlachtet hatte, kam am anderen Morgen, nachdem das Fleisch ausgeblutet war, wieder, um es zu verarbeiten. Der Schinken, die Rippen, der fette Speck, die Pfötchen, das Eisbein und was weiß ich noch alles wurde mit viel Salz gepökelt. Weiteres Fleisch für die Wurstherstellung drehte Mutti zu Hause durch den Fleischwolf und presste sie in die leeren Därme unserer toten Jolante. Es gab Blutwurst, Leberwurst und Mettwurst. Die Wurst und besondere Stücke kamen zum Kochen in einen großen Kessel. Die gewonnene fette Wurstbrühe gab für uns wochenlang eine köstliche Suppe, die wir schlürften, ohne dass wir wussten, dass sie ein Produkt von Jolante war.

In den nächsten Wochen und Monaten gab es in Mutters Küche nur noch Schweinefleisch bis zum Abwinken! Eine Kühltruhe besaßen wir nicht, so dass sie viel Wurst und Fleisch einweckte. Alles – außer Obst und Gemüse – was in der Folgezeit auf unseren Mittagstisch kam oder sich unten im Keller in Gläsern befand, definierten wir als unsere Jolante. Angeekelt schluckten wir kein Gramm davon.

In dieser Zeit wurden meine Eltern sichtbar immer schwergewichtiger, denn das meiste von der fetten Sau verspeisten sie beide. Heute weiß ich, dass unsere Eltern so kurz nach dem Krieg durch das Schlachten von Jolante nur daran dachten, unsere fünfköpfige Familie vor dem Hunger zu bewahren.

Christa (r.) und ihre Schwester Erika

Als Vierjährige im Schnee

Winfried Borgers,
Jahrgang 1935,
aus Essen

PLÖTZLICH WAR DIE BIRNE WEG

Winfried Borgers erzählt eine Geschichte zum Schmunzeln, von einem Birnbaum im Garten seiner Eltern.

An unseren Garten kann ich mich noch genau erinnern. Meine Eltern haben ihn von meinen Großeltern geerbt. Die Wege waren durch niedrige Buchsbaumhecken eingefasst. Am Garteneingang war ein Rosenbogen mit herrlichen rosé Kletterrosen. Ob Frühling, Sommer oder Herbst, jede freie Minute wurde gepflanzt, gejätet und umgegraben.

Ich wundere mich immer wieder, dass ich mich daran erinnern kann, denn ich habe Essen 1942 mit sieben Jahren verlassen, und als ich nach acht Jahren im Juni 1950 nach Essen zurückkam, war alles ganz anders. Das Haus zerstört, der Garten durch Bomben umgepflügt, und jeder aus der Verwandtschaft hatte sich ein Stückchen genommen und wieder hergerichtet, um die hungrigen Mäuler der Familie satt zu bekommen.

Aber eigentlich geht es in dieser Geschichte um einen Birnbaum. Ich war etwa vier bis fünf Jahre alt, da hat mein Vater Obstbäume gepflanzt. Ich kann mich aber nur an einen Birnbaum erinnern. Er hat später als einziger Baum in unserem Garten den Krieg überlebt, war etwa sieben sieben bis acht Meter hoch und hatte sehr viele Früchte angesetzt. Sie schmeckten sehr gut, aber man brauchte gute Zähne. Ich konnte noch viele Jahre Birnen von ihm ernten.

Die allererste Birne im ersten Jahr war etwas ganz Besonderes. Jeden Tag, als die Birne größer und reifer wurde, wurde sie genauestens begutachtet. „Nein“, hieß es immer wieder, „es ist noch zu früh, sie braucht noch etwas. Vielleicht noch ein paar Tage.“ Und ich, als vielleicht Fünfjähriger, fand das sehr spannend und aufregend, und es kam, wie es kommen musste: Eines Abends war die Birne verschwunden.

Alle waren entsetzt. Ich auch, aber nicht, weil die Birne weg war – nein, das wusste ich ja, und sie war sehr, sehr lecker. So ist das halt mit den verbotenen Früchten. Ich war natürlich schnell entdeckt. Sonst stand ich immer vorne, wenn etwas passiert war, und jetzt? Das schlechte Gewissen in Person. Dann hieß es: „Komm du mal rein!“ Was es dann gab, waren keine Streicheleinheiten, und dann: „Zur Strafe ab ins Bett, aber ohne Essen. Du hattest schon!“

Später konnte ich meine Eltern verstehen, denn ihre Enttäuschung muss sehr groß gewesen sein. Monate darauf gewartet, umsorgt, gepflegt; und dann ist die einzige Birne verschwunden. Die Birnen, die wir in späteren Jahren geerntet haben, haben nie mehr so gut geschmeckt.

Winfried (vorne, Mitte) bei einem Schützenfest

Der erste Schultag im Jahr 1942

Wolfgang Radünz,
Jahrgang 1932,
aus Schwelm

FLEISCH FÜR DEN LANGEN WINTER

Wolfgang Radünz wurde als Junge während des Zweiten Weltkrieges von seinem Vater mit einer heiklen Aufgabe betraut: Kaninchen schlachten.

Meine Eltern und ich lebten im westlichsten Zipfel Deutschlands, im „Selfkant" im Kreis Heinsberg. Eines Tages kam mein Vater zu mir und sagte: „Ich muss in den Krieg ziehen." Das war im Jahr 1942, ich war zehn Jahre alt. Wir hatten Kaninchen zu Hause, etwa 15 Stück. Wir züchteten sie damals, um uns mit Fleisch zu versorgen. Um sie zu füttern, habe ich immer große Berge von Klee auf den Feldern geschnitten – mit einer Sichel.

Mein Vater sagte an dem Tag zu mir: „Mein Sohn, du musst ab jetzt die Kaninchen schlachten." Ich hatte oft genug dabei zugesehen, ich wusste, wie man das macht. Man gab dem Kaninchen einen Schlag ins Genick, dabei brach der Halswirbel. Dann wurde das Fell abgezogen und das Kaninchen ausgenommen. Als Sonntagsbraten landete es auf dem Tisch.

Damals gab es nur wenig zu essen, wir hatten Lebensmittelkarten, mit denen man bestimmte Rationen bekam. Fleisch gab es nicht oft. Die Rationen reichten höchstens für etwas Margarine und Wurst, damit wir Kinder etwas für den Schulweg hatten. Nach und nach habe ich alle Kaninchen geschlachtet, denn der Winter war lang.

Wolfgang und seine Schwester Marlene

Gegen Ende des Krieges fuhr meine Mutter mit uns zu meinen Großeltern nach Niedersachsen. Dort haben wir Kinder den Bauern bei ihrer Ernte geholfen - freiwillig. Wir haben zum Beispiel bei der Kartoffelernte geholfen, wir haben das Korn zu Garben gebunden und wir haben gemäht und die Pferde geführt. Im Winter haben wir beim Dreschen geholfen. Dafür gab's immer reichlich zu essen. Das war damals etwas Besonderes.

FREIZEIT

Die ersten Fernseher verwandelten Wohnzimmer in kleine Kinosäle. Alle liebten das gesellige Rudel-Gucken. Auch Lesen oder Tanzen waren beliebt. Und auf den Sonntagsausflug freuten sich die Kinder immer schon lange vorher.

FREIZEIT

Ruth Methner,
Jahrgang 1934,
aus Essen

DIE NACHBARIN MIT DEM BÜCHERSCHRANK

Ruth Methner erzählt von der Zeit, als sie eine begeisterte Leserin wurde.

Während des Krieges war ich mit meiner Mutter evakuiert. Das heißt, damals konnten die Mütter mit ihren Kindern vor den Bombenangriffen aufs Land flüchten. Sie wohnten dann meistens bei Bauern und halfen in der Landwirtschaft. Wir wohnten bei einem Schreiner in Hechelmannskirchen. Das liegt in Hessen.

Als wir nach dem Krieg wieder zurück waren in Essen, lungerte ich eines Tages gelangweilt im Hof herum. Ich war damals zehn Jahre alt. Da kam eine Nachbarin und sagte: „Komm mal mit!" Sie hieß Frau Lütkenhorst und führte mich in ein Zimmer mit einem großen Bücherschrank. Da standen viele Kinderbücher, zum Beispiel „Nesthäkchen" und andere Bücher von Else Ury und Johanna Spyri. Die Nachbarin sagte: „Such dir welche aus! Und wenn du sie ausgelesen hast, kannst du dir neue holen!"

Die Bücher habe ich verschlungen. Lesen ist bis heute meine Lieblingsbeschäftigung. Ich sehe beim Lesen wie im Film die Perso-

nen und auch den Ort der Handlung vor mir und kann die Welt um mich vergessen. Wenn ich heute am Grab dieser Nachbarin vorbeikomme, sag ich immer „Danke, Frau Lütkenhorst!“ Heute würde ich mir wünschen, dass Kinder wieder mehr lesen und nicht so viel am Computer spielen.

Wilma, Karl und Helmut (vorne, v.l.) waren Ruths Freunde

Diese Holzgans stand im Garten der Familie in Essen

Ruth und ihre Mutter Therese

Udo Stumm,
Jahrgang 1948,
aus Duisburg

DER SANDSTRAND AM RHEIN

Udo Stumm erlebte ganz besondere Ausflugssonntage im Sommer der 1950er Jahre.

Bereits am Samstagabend freuten sich meine Schwester und ich auf den Ausflug zum Rhein nach Duisburg-Alsum. Am Vorabend hat meine Mutter mit den Vorbereitungen begonnen. Es wurde Kartoffelsalat zubereitet, Koteletts wurden gebraten. Verabredet hatten wir uns im Laufe der Woche mit einigen Verwandten in unserer Umgebung, die gemeinsam mit uns den Ausflug machten.

Am Sonntag um 10 Uhr trafen wir uns an der Straßenbahnhaltestelle Goethestraße in Duisburg-Hamborn. Von hier aus ging es dann in Richtung Bruckhausen zur Matenastraße nach Alsum. Dort war auch die Endstation der Straßenbahn und wir mussten einen kurzen Fußweg in Richtung Rhein nehmen.

Schnell hatten wir unseren Sandstrand erreicht. Die Badehosen und Badeanzüge wurden angezogen und dann ging es zur Abkühlung vorsichtig in den Uferbereich des Rheins. Dem Sandstrand am Rhein haben wir den Namen „Lido“ gegeben. Da immer eine große Anzahl von Kindern mitgekommen war, konnten wir viele Spiele machen. Hier und da wurde ein Kind auch mal bis zum Hals eingegraben.

Die Zeit verging durch viel Abwechslung sehr schnell. Da viele am nächsten Tag wieder zur Schule mussten, ging es am Spätnachmittag mit der Straßenbahn wieder zurück nach Hamborn.

Diese Sonntagsausflüge haben wir an schönen Sommertagen des öfteren gemacht. Gerne erinnere ich mich an diese schönen Sonntagsausflüge.

Am Rheinstrand hatte Udo immer viel Spaß mit seiner Familie

Heidi Heimberg,
Jahrgang 1951,
aus Essen

ROBERT LEMKE, HITCHCOCK UND FURY

Heidi Heimberg erinnert sich an die Anfänge des Fernsehens und das damit verbundene Rudel-Gucken im Wohnzimmer.

Mein Vater war Ende der 1950er Jahre bei einem großen Elektronikkonzern beschäftigt. Eines Tages verunglückte ein mit nagelneuen Schwarz-Weiß-Fernsehgeräten beladener LKW. Die Mitarbeiter durften eines der Geräte mit leichten, äußerlichen Beschädigungen günstig kaufen. Mein Vater war sofort Feuer und Flamme, meine Mutter nicht! So viel Geld! Sie hatten doch ein Radio und das hatte immer gereicht! Aber mein Vater gab nicht auf und konnte meine Mutter letztendlich überzeugen. Bald darauf hielt ein kleiner, braun-weißer

Fernseher mit kleinen Blessuren Einzug in unser Wohnzimmer. Er konnte zwei Programme empfangen!

Wir waren weit und breit die einzige Familie, die dieses Wunderding besaß. Unser Wohnzimmer verwandelte sich nun ab und zu in einen kleinen Kinosaal mit familiärer Atmosphäre. An den Abenden kamen jetzt oft Freunde meiner Eltern zu Besuch. Sie versuchten gemeinsam mit Robert Lemkes Team Berufe zu erraten oder Hitchcocks Kriminalfälle zu lösen. Sie sahen das Traumpaar Marika Kilius und Hans-Jürgen Bäumler elegant übers Eis gleiten oder amüsierten sich in der Karnevalszeit bei „Mainz wie es singt und lacht". Fernsehen verband und pflegte soziale Kontakte.

Jahrelang galoppierte an jedem Sonntagmittag Fury über den Bildschirm. Meine Eltern erlaubten mir, meine Freundinnen einzuladen. Sie wurden von ihren Müttern hübsch angezogen, bekamen zum Teil noch ein Geschwisterkind an die Hand und machten sich dann zu Fuß auf den Weg zu uns. Wir hockten in Sesseln oder auf dem Boden und verfolgten 25 Minuten lang gespannt die Abenteuer des Waisenkindes Joe und seinem Pferd. Danach gingen alle Kinder wieder nach Hause, denn der Nachmittag gehörte selbstverständlich den Familien.

Mit der Zeit infizierten sich auch die anderen Familien mit dem Fernseh-Virus. Folglich eroberten sich die Fernseher in immer mehr Haushalten einen festen Platz. Damit wurde das Ende unseres Wohnzimmer-Rudel-Guckens eingeläutet! Schade eigentlich um das gemeinsame Fernseherlebnis!

Zur Einschulung bekam Heidi eine Schultüte

Zu Heidis Konfirmation 1965 gab es eine Familienfeier

Heidi (r., im weißen Kleid) bei einem Kindergeburtstag in Essen

Franziska Rousso,
Jahrgang 1928,
aus Düsseldorf

ZWEI MAUERBLÜMCHEN IN DER TANZSCHULE

Franziska Rousso lernte 1945/46 Tanzen. Für ein besonderes Kleid zum Mittelball reichte das Geld nicht. Erst einige Jahre später gab es das ersehnte Abendkleid.

Als 1945 die Schulen wieder öffneten, ging ich mit meiner besten Freundin in die Untersekunda. Nachdem der Unterricht wieder ordentlich ablief, beschlossen wir, einen Tanzkurs zu machen. Wir meldeten uns in der Tanzschule „Fränze Phillips" an. Wie meistens gab es mehr Mädchen als Jungen, so dass wir beide richtige „Mauerblümchen" waren. Wenn wir nicht einem Jungen zugeteilt wurden, blieben wir meistens sitzen, meine Freundin noch öfter als ich. Dabei waren wir beide hübsch. Aber wir waren noch sehr kindlich und wirkten auch so überhaupt nicht „sexy". Wir hatten auch noch keinerlei Ambitionen in dieser Hinsicht. Ich verliebte mich ein bisschen in einen Jungen, Detlev, der wie wir aus Kaiserswerth kam.

Wir lernten die bekannten Standardtänze in dieser Reihenfolge: Marsch, Foxtrott, Langsamer und Schneller Walzer, Rumba und Cha-Cha-Cha. Ich achtete sehr auf die richtigen Schritte und führte sie mathematisch genau aus. Daher warf man mir vor, ich würde ständig führen wollen. Erst viel später lernte ich, mich führen zu lassen. Meine Mutter, die selber nie eine Tanzschule besucht hatte, ließ sich alles genau erzählen und nahm regen Anteil. Zu Hause übten meine Freundin und ich eifrig.

Dann kam der Mittelball. Spezielle Kleider hatte 1946 kaum einer, wir zogen an, was wir hatten. Auch sonst war alles im schlimmsten Hungerjahr sehr einfach. Jeder sollte einen meist selbstgebackenen Kuchen mitbringen. Natürlich konnten wir uns keinen aufwendigen Kuchen leisten. Es gab aber einige, die mit dem Schwarzmarkt zu tun hatten. Die brachten Buttercremetorte mit – das war damals der absolute Luxus – und wir alle trachteten danach, wenigstens ein Stück davon abzubekommen. Beim Mittelball wurde ich auch meinem Schwarm zugeteilt, worüber ich sehr glücklich war. Er war ein ausgezeichneter Tänzer. Leider interessierte er sich nicht weiter für mich.

Einige Zeit später ging ich zum zweiten Mal in eine Tanzschule, ich glaube, sie hieß „Potthoff". Nun ging das mit dem Tanzen schon bedeutend besser und ich hatte auch meinen ersten Verehrer. Mit ihm tanzte ich die meiste Zeit, auch beim Schlussball. Er brachte mich nach dem Kursus zur Bahn und wir gingen auch mal spazieren. Ich genoss es, einen Verehrer zu haben, empfand aber nichts für ihn. Zum Abschlussball, der nun 1950 schon aufwendiger war, ließ ich mir ein schwarzes, schulterfreies, bodenlanges Abendkleid nähen, wie ich es mir immer gewünscht hatte.

Damals ließ man sich meistens seine Garderobe nähen. Von der Stange gab es noch kaum. Erst wenige Jahre später, als Neckermann sich etablierte, wurde das „Von-der-Stange-kaufen" normal. Damals bot Neckermann zum Einstand sehr gute Kleider für je zehn D-Mark an und ich kaufte mir gleich vier davon, so dass mein Kollege meinte, ich hätte wohl einen reichen Liebhaber.

Franziska mit einem Freund und einer Cousine

Beim Abschlussball der Tanzschule

Franziska im Jahr 1950

BRÄUCHE

Die großen Feste im Jahr – Geburtstag, Ostern, Weihnachten – wurden immer schon besonders gefeiert. In der Adventszeit half der Dorfbäcker beim Abbacken der Plätzchen, zu Weihnachten wurde die Kirche dekoriert.

BRÄUCHE

Friedchen Ulrich,
Jahrgang 1937,
aus Essen

MIT DEM HANDWAGEN ZUM BÄCKER

Friedchen Ulrich erinnert sich, wie in der Adventszeit Spritzgebäck und Rübenkrautplätzchen gebacken wurden.

In Friesheim bei Köln war mein Vater gestrandet und hatte bei einem Bauern Arbeit und Unterkunft gefunden. Um als Zollbeamter wieder eingestellt zu werden, musste er erst entnazifiziert werden. Das hat fünf Jahre gedauert. Auf dem Bauernhof haben wir in zwei kleinen Zimmern zu fünft unser Dasein gefristet.

Da wir in unseren zwei kleinen Zimmern keinen Backofen hatten, sondern nur einen kleinen Herd zum Kochen, durften wir unsere Plätzchen für 0,50 D-Mark pro Blech beim Dorfbäcker abbacken. Es waren große Bleche. Mutter machte zu Hause den Teig fertig. Sie war die beste Köchin, die geschickteste Schneiderin und der fleißigste Mensch, den ich je gekannt habe.

Der fertige Teig wurde dann mit dem Handwagen zum Bäcker gefahren. Dort wurde das Spritzgebäck gemacht – oder die leckeren Rübenkrautplätzchen. Mehr Sorten gab es nicht. Waren die Plätzchen fertig und abgekühlt, kamen sie in eine große Milchkanne. Diese Kanne haben wir uns beim Bauern besorgt.

Die Erinnerung an diese Backstube, vor allen Dingen an die Wärme und auch den Geruch, das kann ich heute noch fühlen.

Auch bekamen wir vom Bäcker so manches in den Mund gesteckt.

Mutter machte dann zu Weihnachten aus Schreibheftstreifen kleine weiße Fröbel-Sterne für den Mini-Tannenbaum. Dann konnte Weihnachten kommen.
Mein Vater war für die Musik zuständig. Er spielte auf dem Akkordeon schöne Lieder. Auch bei den Krippenspielen in der Schule spielte er – auch auf einem Klavier, wenn eins vorhanden war.

Musik und Gesang gehörten immer zu unserem Leben. Meine Großmutter war im Kloster Malchow in Mecklenburg-Vorpommern schon Organistin gewesen.

Schülerinnen und Schüler der Dorfschule in Friesheim

Friedchen (2.v.l.) vor dem Haus der Eltern in der Eifel

Siegfried Hekers,
Jahrgang 1937,
aus Voerde

MOOS UND TANNE FÜR DAS JESUSKIND

Siegfried Hekers baute mit seinem Opa jedes Jahr die Weihnachtskrippe in der Kirche auf.

Oma und Opa waren katholisch und sehr fromm. Opa engagierte sich auch in der katholischen Kirche. Er war Kirchenschweizer und trug während der Messe einen roten Samtmantel mit einem roten Hut, eine Art Zylinder, und einen Stab mit oben einer Spitze darauf. Er musste zum Ablauf des Gottesdienstes für Ordnung sorgen.

Wenn er mit dem Stab auf den Boden klopfte, wusste die Gemeinde, dass sie sich knien musste oder aufstehen. Auch passte er auf uns Kinder auf, wenn wir unruhig waren. Dann stieß er uns mit dem Stab in die Rippen. Das machte er auch bei den Erwachsenen. Er hatte immer die Übersicht, er ging die ganze Zeit während der Messe im Mittelgang auf und ab.

Das Schönste war für mich, wenn ich mit Opa zu Weihnachten die Krippe aufbaute. Tage vorher holten wir beide mit dem Handwagen Moos aus dem Wald hinter dem Waldfriedhof. Die Tannenbäume besorgten wir uns aus dem Warsebusch.

Das Baumaterial war hinter dem Altar deponiert. Zuerst wurden Holzböcke von verschiedenen Höhen aufgebaut. Auf diese Böcke, die hintereinander standen, vorne die niedrigen, hinten die hohen, wurde dicke Pappe gelegt, die vorne auf dem Boden auslief. Auf die Pappe kam dann das Moos. Es sah aus wie eine hügelige Landschaft. Hinten wurde der Stall aufgebaut. Rechts und links neben der Krippe wurden große Tannen aufgestellt. Zuletzt kamen die Krippenfiguren. Das sah von vorne sehr echt aus. Es kam auch so ein echter Waldduft auf von dem Moos und den Tannen.

Ich weiß nicht, ob davon jemals ein Foto gemacht wurde, denn wir hatten keinen Fotoapparat. Das habe ich von 1943 bis 1952 mit Opa gemacht.

Siegfried (r.) mit seiner Mutter Helene und seiner Schwester Marlene

Die Hochzeit der Eltern

Opa Gerhard

Oma Maria mit ihrer Tochter Helene

FERN DER HEIMAT

Ob Schlesien, Ostpreußen oder Siebenbürgen – viele Menschen mussten ihre Heimat verlassen und in der Fremde ein neues Leben anfangen. Auch während der Kinderlandverschickung im Krieg waren die Kinder von Heimweh geplagt.

FERN DER HEIMAT

Dagmar Tysiak,
Jahrgang 1930, aus Duisburg

„WEIT WEIT WEG, DA SEID IHR SICHER!“

Dagmar Tysiak war im Lager der Kinderlandverschickung in der Tschechoslowakei sehr unglücklich.

Im Jahr 1942 war ich zwölf Jahre alt, hatte dunkle Locken und war ein Kind wie jedes andere. Wie jedes andere Kind zu dieser Zeit musste ich fast jede Nacht im kargen Bunker schlafen. Beim Alarm schnappte meine Mutter immer die verbeulte Reisetasche, in die sie alle unsere Wertsachen und Papiere gepackt hatte. Nachts warfen die feindlichen Flugzeuge Bomben auf Duisburg ab. Ich schlief nie gut in dem fensterlosen Bunker, und ich hörte, wie sich auch meine Mutter und mein Bruder in dem Bett unter mir bei jeder dumpfen Erschütterung hin- und herdrehten. Morgens in der Schule wurde ich immer unausgeschlafener, ich sah es auch meinen Klassenkameradinnen (es gab nur reine Mädchenklassen) und der Lehrerin an, dass sie nie viel schliefen. So kam es dann, dass fast die gesamte Klasse 6a, bis auf ein paar Kinder, die bei Verwandten blieben, 1942 zusammen verreiste, mit vielen anderen Klassen der Schule. Mit einem Sonderzug fuhren wir nach Podiebrad (heute Podebrady) in ein KLV-Lager – die Kinderlandverschickung. Meine Mutter stand am Bahnsteig und winkte mir lange hinterher.

Dort in der Tschechoslowakei gab es ein großes Hotel, das man dem Besitzer weggenommen hatte und in dessen Zimmern nun wir deutschen Kinder wohnten. Ich teilte mir ein großes Doppelzimmer mit fünf anderen Mädchen, liebe Mädchen. Dennoch fühlte ich mich meines Eigenlebens beraubt, nie war ich alleine. Das Leben im Hotel glich dem eines Soldaten beim Militär, denn es wurde alles von oben bestimmt. Morgens riss die Lagerleiterin die Türen der Zimmer auf, rief ein barsches „Aufstehen!“ hinein. So standen wir alle schnell auf und gingen zum Frühstück. Nach dem stillen Mahl hissten wir gemeinsam die Deutschland-Flagge, die damals die rot-schwarze Hakenkreuzflagge war. Geordnet mussten wir uns um die Fahne versammeln, immer unter den strengen Augen der Lagerleiterinnen. Den rechten Arm zum Hitlergruß erhoben, sangen wir noch ein gemeinsames Lied, bevor der lange Schultag begann.

Tagein, tagaus dasselbe Ritual. Alles war organisiert und geordnet, niemand war auffällig oder tanzte aus der Reihe. Ich fühlte mich wie eine Nummer, ein Roboter ohne eigenen Willen, eigene Gedanken, eigenes Leben. Alles war darauf ausgerichtet, dass man immer gemeinsam war, nie hatte ich einen Moment für mich. Trotzdem fühlte ich mich so elendig alleine, ich war todunglücklich dort. Zwar war die Verpflegung gut und ich hatte es besser als die Menschen zu Hause in Duisburg, denn ich war sicher und versorgt. Keiner hatte Kleidersorgen, denn jeder trug seine Uniform: ein schwarzes Röckchen mit einer

Dagmar im Jahr ihrer Einschulung 1936

Mit Nachbarskindern aus Beeckerwerth

weißen Bluse. Wer über 14 Jahre alt war, durfte zusätzlich einen Knoten tragen, der aus einem Tuch um den Hals gebunden war. Ehrfürchtig blickte ich immer auf die Knoten der älteren Mädchen und fragte mich, ob es ihnen trotz des Knotens auch so elendig ging. Nachts weinte ich oft, ich hatte Heimweh und vermisste meine Mutter. Allen Mädchen aus meinem Zimmer fehlte ihr Zuhause, jeden Tag. Tagsüber hat es sich keiner anmerken lassen, schließlich war man ja auch stolzes BDM-Mädchen, und Hitler sagte uns ja immer, dass die deutsche Jugend stolz und stark sei. Ein deutsches Mädchen oder auch ein deutscher Junge weine schließlich nicht. So schluckte ich es herunter. Nur nachts, da schluchzte ich heimlich unter der Decke. Und ich schrieb meiner Mama. Die Briefe nach Hause wurden kontrolliert, so konnte ich nichts über mein Unglück schreiben oder meine Mutter bitten, mich zurückzuholen.

In Podiebrad war ich drei Monate lang, dann kamen wir nach Luhacovice, etwas südlicher. Warum, weiß ich nicht. Dort ging es mir ein bisschen besser. Es gab insgesamt vier Hotels nebeneinander, die alle deutsche Kinder beherbergten. Gegenüber war ein schöner Park, in dem man bei einer Freistunde verweilen konnte. Allerdings

Während der Kinderlandverschickung in Podiebrad

war man dort nie gern gesehen, denn für die Tschechen waren wir Eindringlinge. Ich erinnere mich noch genau an die verhassten und bösen Blicke, die man uns entgegenbrachte, wenn wir dort herumschlenderten. Warum, verstand ich damals nicht.

Eines Tages bekam mein Vater Heimaturlaub. Für acht Tage durfte er von der Front nach Hause kommen und seine Einheit in Norditalien verlassen. Zu diesem Anlass durften auch mein Bruder und ich für diese Zeit nach Hause kommen. Mein Bruder Bodo war auch in der Kinderlandverschickung, er wohnte in Ellwangen in Baden-Württemberg bei einer sehr netten Familie, denn Kinder unter zehn Jahren sollten bei einer Familie wohnen. Meine Sachen blieben in Luhacovice, weil ich nach der Woche wieder zurückkommen musste. Als ich nach Hause kam, drückte ich meine Mutter fest und weinte bitterlich. Endlich konnte ich ihr erzählen, wie elend es mir wirklich in der Tschechoslowakei ging. Meine Mutter tröstete mich und versprach mir, dass ich nicht mehr dorthin zurückkehren müsste. Und so war es dann auch, sie hielt ihr Versprechen. Ich kehrte nie wieder ins Lager zurück.

Ingrid Buchmann,
Jahrgang 1941,
aus Duisburg

EIN NEST MIT BUNTEN EIERN FÜR (FAST) JEDES KIND

Im Kindergarten erlebte Ingrid Buchmann einmal zu Ostern, wie es ist, als Flüchtlingskind ausgegrenzt zu werden.

Jedes Jahr zu Ostern holt mich ein Erlebnis aus dem Jahr 1946 ein. Damals wurde ich fünf Jahre alt. Nach der Flucht aus Schlesien waren meine Mutter und ich nach mehreren Stationen und Lagern in einem kleinen oberfränkischen Dorf gelandet. Dort gab es einen konfessionell geführten Kindergarten, in dem meine Mutter mich anmeldete.

Zu Ostern wurden die Eltern dann aufgefordert, vorab Eier bei den „Tanten" abzugeben. Meine Mutter lief nun durch das Dorf, um ein Ei zu erwerben. Aber weder dort noch im ländlichen bäuerlichen Umkreis legten die Hühner Eier. Sie hatten allesamt die Produktion eingestellt.

Am Tag der Osterfeier im Kindergarten saßen alle Kinder an einem langen Tisch. Jedes Kind hatte vor sich ein Nest mit bunt bemalten Eiern. Mein Platz blieb leer.

Auch nach fast 70 Jahren habe ich dieses Bild noch vor Augen. Ich habe nicht geweint. Auch daran kann ich mich erinnern. Aber als ich nach Hause kam, flossen die Tränen. Der Satz: „Alle Kinder hatten ein Nest, nur ich saß da und war traurig“ ging in die Familiengeschichte ein.

Noch heute kommen mir die Tränen. Nicht aus Mitleid mit mir, sondern aus Wut über die Herzlosigkeit und Ausgrenzung diesem Flüchtlingskind gegenüber. Meine Mutter hat mich dann abgemeldet.

Heute gehen meine beiden Enkel auch in einen konfessionellen Kindergarten. Ich freue mich sehr, dass dort alle Kinder egal welcher Nationalität, Hautfarbe oder welchen Glaubens liebevoll betreut werden.

Ingrid mit ihren Eltern Reinhold und Frieda

Am Weihnachtsabend

In einem Flüchtlingsdorf in Österreich

Resi Butschko,
Jahrgang 1928,
aus Dinslaken

„HEIMAT HEISST GEBORGENHEIT“

Resi Butschko wuchs in Schlesien auf. Sie erinnert sich an ihre Kindheit vor dem Krieg.

„Wer das Himmelreich nicht kennt, der hat umsonst gelebt.“ Das sagen die Schlesier. Gemeint ist damit nicht das Himmelreich, da ganz über uns, was keiner kennt und wo noch nie einer war, sondern unser schlesisches Nationalgericht.

Wenn ich morgens vor der Schule meine Mutter fragte: „Mama, was gibt es heute zum Mittagessen?“ und die Antwort war: „Schlesisches Himmelreich“, da rümpfte ich ein bisschen die Nase, denn das war nicht nach meinem Geschmack. Heute denke ich sehr gerne daran und den Duft, der aus dem Suppentopf stieg, habe ich noch immer im Gedächtnis.

Wie war es damals in Schlesien? Hat man die Heimat verloren, weiß man erst, wie schön sie war. Es war Geborgenheit! Ein paar Laufminuten von unserem Haus entfernt waren wir im Wald. Ein Wald voller Blaubeeren und Pilze.

Die Straße war unser Spielplatz. Wir rannten hinter Reifen her, bis uns die Puste ausging, spielten Ball und Hopsa-Kästchen, und wenn es dunkel wurde „Wer fürchtet sich vorm schwarzen Mann?“. Schön gruselig war‘s. Unsere Straße war nicht gepflastert –

Resi und ihre Freundin Gitte

Resi und ihr Bruder Rolf

Eine Zeichnung von Resis Elternhaus

oh nein! Nach der Schneeschmelze oder bei Regenwetter war alles ziemlich matschig. Für solche Tage hatten wir Holzpantoffeln. Wer wollte denn dauernd Schuhe putzen?

Der Winter war streng. Es gab viel Schnee. Da fror einem der Tropfen in der Nase und die Hand klebte an der eisernen Türklinke. Ehe meine Mutter morgens aus der Pumpe holte, musste erst ein Eimer kochend heißes Wasser ins Brunnenrohr gegossen werden. Es gab keine Wasserleitung und das Plumpsklo war im Hinterhaus über dem Hof. Da hat man sich im Winter schon mit seinem „Geschäft" beeilt. Ans Zeitungslesen auf dem stillen Örtchen wurde nicht gedacht. Am ersten Sonntag nach Frühlingsanfang gingen wir Kinder „sommern". Das schönste Kleid an, ein Blumenkränzchen ins Haar und in der Hand ein Zweig mit Schleifen und Blumen. Wir sangen morgens schöne Lieder, bekamen Süßigkeiten und beim Fleischer ein Stück Wurst.

Ja, ich hatte eine schöne Kindheit, bis der Zweite Weltkrieg kam und alles vorbei war.

Ach ja: „Schlesisches Himmelreich" ist ein Eintopf aus Backobst, Räucherfleisch und Klößen.

Isolde Ewert,
Jahrgang 1934,
aus Essen

EINE KINDHEIT OHNE BESTE FREUNDIN

Isolde Ewert verbrachte viele Jahre als Flüchtlingskind in Österreich. Als Älteste musste sie ihrer Mutter viel im Haushalt helfen.

Geboren bin ich in Siebenbürgen, 1940 wurden wir „heim ins Reich" nach Österreich umgesiedelt. Meine Kindheit habe ich an vielen verschiedenen Orten verbracht, immer wieder woanders: in Niederösterreich, in der Steiermark, in Kärnten... Unsere Familie sprach Hochdeutsch und da fielen wir Flüchtlingskinder an jedem neuen Ort in Österreich sofort auf. Es war nicht leicht für uns, wir wurden gehänselt und ausgegrenzt. Die Ablehnung war überall spürbar.

Mein Vater Michael war Lehrer und Prediger. Im Jahr 1947 bekam er eine Stelle bei den Evangelischen Anstalten in Waiern/ Feldkirchen in Kärnten. Zu der Einrichtung gehörten ein Kinderheim, ein Kleinkinderheim, ein Krankenhaus und ein Bauernhof. Unsere Familie bekam im Kinderheim eine Wohnung zugeteilt. Es gab ein Schlafzimmer für die Eltern, ein Zimmer, in dem alle Kinder geschlafen haben, ein Wohnzimmer und eine kleine Küche. Wir waren damals vier Kinder, Horst, Dieter, Helga und ich, ein Jahr später wurde meine Schwester Gerda geboren. Wir haben auf engstem Raum zusammengewohnt, niemand hatte eine Ecke für sich allein. Immer war etwas los, still war es nie.

Morgens ging ich mit meinem Bruder Horst und den Kindern, die im Kinderheim lebten, gemeinsam zur Schule. Die Mittelschule lag in Feldkirchen, Waiern dagegen auf dem Berg. Morgens ging es also hinab, mittags wieder hinauf. Als wir nach Waiern zogen, bin ich als 13-Jährige noch ein Jahr in die Abschlussklasse gegangen, 1948 besaß ich dann die Mittlere Reife. Durch die vielen Umzüge hatte ich nie Freundinnen, auch in Feldkirchen nicht. Keine beste Freundin zu haben, habe ich sehr vermisst.

Meine Mutter Eugenie brauchte viel Hilfe, sie war mit den ganzen Kindern überfordert und froh, wenn sie Aufgaben abgeben konnte. Wenn ich mittags aus der Schule kam, musste ich kochen, waschen, bügeln oder Kinder hüten. Mein Bruder Dieter war drei Jahre alt, Helga ein Jahr. Und dann kam auch noch Gerda. Damals waren die Windeln aus Stoff, alles musste ständig gewaschen werden. Das hat viel Zeit gekostet. So hatte ich eigentlich nie Freizeit. Ich kann mich erinnern, dass die Kinder aus dem Kinderheim zwischendurch mal beim Bauern mithelfen durften, aber meine Mutter erlaubte mir das nicht. Das fand ich sehr schade.

Weil mein Vater den Kirchenchor leitete, war es selbstverständlich, dass wir Kinder im Chor sangen. Meine Mutter übernahm sonntags den Orgeldienst in der Kirche. Ich weiß noch, dass wir Weihnachten keine Nüsse essen durften, weil das schlecht für die Stimme war.

Als ich nach Waiern kam, ging ich zwei Jahre lang zum Konfirmandenunterricht. Dort habe ich zu meinem Glauben gefunden. Einmal sind wir ein paar Tage auf eine Freizeit gefahren, auf die Burg Landskron. Ich fühlte mich aber gar nicht wohl da, weil es so eine außergewöhnliche Situation für mich war, nicht zu Hause helfen zu müssen. Ich hatte richtig Heimweh. Nach meiner Konfirmation bin ich in die Jugendgruppe der Kirche gegangen. Sie nannte sich „Die Kreuzfahrer". Mein ganzes Leben steht seit dieser Zeit unter Gottes Segen.

Die ganze Mithilfe zu Hause im Haushalt war immer selbstverständlich. Nie bekam ich ein Lob. Erst später, als ich auf die landwirtschaftliche Haushaltungsschule in Klagenfurt ging, habe ich zum ersten Mal erlebt, dass meine Leistung anerkannt wurde. 20 Jahre lang bin ich am Anfang meines Lebens nur gewandert. Als ich dann schließlich nach Essen kam, war es wichtig für mich, endlich irgendwo zu Hause zu sein. Hier habe ich meine Heimat gefunden.

Die Abschlussklasse der Mittelschule Feldkirchen im Jahr 1948

Vater Michael und Mutter Eugenie mit den Kindern Isolde, Horst, Dieter, Helga und Gerda

Klaus Koch,
Jahrgang 1936, aus Sonsbeck

„KOMM DOCH ZU MIR NACH DÜSSELDORF"

Klaus Koch, der in Georgenthal in Thüringen geboren wurde, erinnert sich an die Zeit bei seiner Tante Klara.

Ich bin in Georgenthal in Thüringen geboren, im Jahr 1936. Mein Vater war Briefträger, meine Mutter starb schon 1938. Während des Krieges hatten meine Tante Mia aus Moers und meine Tante Klara aus Düsseldorf Sachen bei uns untergestellt, um sie vor den Bomben zu schützen. 1947 kam Tante Klara zu uns. Sie brachte ihr Fahrrad im Gepäckwagen der Bahn mit und machte mit mir kleine Ausflüge. Wir freundeten uns an. Ihr Sohn Bruno war im Krieg gefallen. Da sagte sie: „Komm doch zu mir nach Düsseldorf."

Mein Schultornister wurde gepackt, er war sehr schwer. Mit dem Zug ging die Fahrt bis Düsseldorf. Tante Klara wohnte auf der Kölner Straße, weit weg vom Bahnhof. An vielen Trümmern fuhr die Straßenbahn vorbei, es war meine erste Fahrt mit der Straßenbahn. Ich war begeistert von der großen Stadt, aber schon am Abend, als ich wegen des Straßenlärms nicht einschlafen konnte, änderte sich das.

Die Brüder im Ruderboot

Die fünf Geschwister

Ruth, Ernst Günter, Ingeborg
und Klaus im Jahr 1941

Die Toilette war eine Treppe tiefer und hatte eine Wasserspülung. Für mich war das neu, denn in Thüringen kannten wir nur ein Plumpsklo außerhalb des Hauses.

Tante Klara ging mit mir zu einer Schule, die wenig Schäden durch den Krieg hatte. Sie war aber überfüllt und kalt. Der Lehrer behielt seinen Ledermantel immer an. Wir Schüler saßen eng aneinander, an den Düsseldorfer Dialekt konnte ich mich nur schwer gewöhnen. Ich bekam keinen Kontakt. Die Kinder in der Großstadt waren anders als ich, der schüchterne Junge vom Dorf.

Mittags gab es die Schulspeisung. Zu einer bestimmten Zeit wurden zwei Kübel Suppe in die Klasse gebracht, aber immer ohne Kelle. Die große Tasse, die mir Tante Klara als Gefäß für meine Suppe mitgegeben hatte, nahm mir der Lehrer ab und füllte damit anderen Schülern ihre Gefäße. Ich konnte erst mal nur zuschauen, obwohl ich großen Hunger hatte.

Mit unseren Lebensmittelkarten gab es beim Bäcker nur Brot aus Maismehl, für mich war das ein Grauen. Statt weißem Mehl, wie ich das von Bäcker Habicht in Georgenthal kannte, war das Mehl hier gelb.
An einem Schultag ging die Tür auf und der Rektor kam mit einem Karton unter dem Arm rein. Er sagte: „Heute gibt es keine Suppe, aber Schokolade.“ Nach dem Klassenbuch wurde aufgerufen. Jeder ging nach vorn, bekam ein Stück Blockschoko-

Albert Koch, der Großvater

Familie Koch auf einem Foto im Jahr 1941 im thüringischen Georgenthal. Vater Fritz Koch, gerade auf Urlaub von der Front, mit seiner zweiten Frau Gertrud und den vier Kindern.

lade und ein Fruchtbonbon. Als der letzte Schüler aufgerufen wurde, war nichts mehr im Karton. Der Rektor und der Lehrer waren ratlos, es war ein Schüler zu viel in der Klasse. Der Rektor kam zu mir und forderte die Schokolade und das Bonbon zurück. Das Bonbon hatte ich im Mund, die Schokolade gab ich zurück. Meine Enttäuschung war riesig. Ich erkannte: ‚Ich war hier der Fremde.'

Ich bin an manchen Tagen einfach nicht zur Schule gegangen. Als es Zeugnisse gab, hatte ich schlechte Noten. Was aber schlimmer war: Ich hatte 164 Fehlstunden. Tante Klara war sprachlos.

Im Jahr 1948 war die Währungsreform. Jede Person konnte 40 alte Reichsmark gegen 40 D-Mark tauschen. Für mich bekam Tanta Klara nichts.

Nun hieß es: Ab nach Hause, schnell war ich wieder in Georgenthal. In meiner alten Schule hatte sich vieles verändert. Russisch war Hauptfach. In Deutsch sagte man nicht mehr ‚Wie-Wort', sondern ‚Adjektiv', im Rechnen nicht mehr ‚zusammenzählen', sondern ‚addieren'. In Musik und Biologie konnte ich mithalten, ansonsten war ich leider kein guter Schüler.

Ingrid Wywiorski,
Jahrgang 1938,
aus Emmerich

MIT DEM PO AM HEISSEN OFEN

Ingrid Wywiorski hatte als Kind einmal großes Pech beim Baden Der Eisenofen stand zu nah an der Wanne.

Als der Krieg 1945 zu Ende war, waren wir bei Verwandten in Bad Ems an der Lahn, nachdem unsere Wohnung in Frankfurt am Main zerstört worden war. Alle Evakuierten mussten Bad Ems verlassen. Das war schwierig, weil kaum noch Züge fuhren. Aber immerhin gab es keine Luftangriffe mehr und wir mussten nicht mehr in den Bunker. Mutti, meine ältere Schwester Gerda und ich liefen zunächst, weil keine Eisenbahn fuhr. Unser Ziel war Oberaula, wo meine Großeltern lebten.

Mutti schob unseren Puppenwagen, den sie mitnehmen durfte, weil er für einen Kinderwagen gehalten wurde. Darin konnte sie einiges Gepäck verstauen. So musste sie es nicht tragen. Kurz hinter Bad Ems geschah für uns ein Wunder: Oma kam uns auf der Landstraße entgegen. Wir fielen uns überglücklich in die Arme.

Oma war einfach losgezogen, wusste aber nicht, wo wir waren. Nur, dass wir Bad Ems verlassen mussten. Sie hatte sich einer Gruppe angeschlossen. Die Menschen bevölkerten damals in Scharen die Straßen. Manchmal wurden sie auch auf Lastwagen mitgenommen.

In Oberaula wurde ich einmal wöchentlich in einer Zinkwanne gebadet, die an einen herrlich warmen Eisenofen gestellt wurde. Aber dieser Platz hatte auch seine Tücken, denn die Gefahr, an den heißen Ofen zu kommen, war sehr groß. Ich stand auf in der Wanne, bückte mich – und bums – klebte ich mit dem Po am Ofen. Auuuu! Eine Reflexbewegung mit der Hand bescherte mir auch da eine Verletzung. Das tat schrecklich weh!

Das Ergebnis war: Ich konnte tagelang nicht sitzen und natürlich nicht in die Schule. Alle Kinder in der Umgebung und natürlich meine Schulklasse wussten am nächsten Tag: Die Ingrid kann nicht sitzen, weil sie sich den Po am Ofen verbrannt hat.

Mit Mutter Anny bei einem Ausflug in den Wuppertaler Zoo

Ingrid und einige Nachbarskinder in Bad Ems

Helga Hentschel,
**Jahrgang 1939,
aus Moers**

HEIMWEH NACH MOSSENBERG

Im industriell geprägten Duisburg vermisste Helga Hentschel die Tiere und die Natur des Dorfs ihrer Kindheit.

Geboren bin ich in Gelsenkirchen, aber nach ein paar Jahren wurden wir wegen der Bombenangriffe evakuiert. Erst mit 14 Jahren kam ich aus Mossenberg im Lipperland zurück ins Ruhrgebiet, nach Duisburg. Dort ging ich auf die Realschule an der Wacholderstraße.

In unserer Nähe gab es einen Lebensmittelmarkt. Der Inhaber hatte gehört, dass ich eine Lehrstelle suchte. Ich habe dann 1955 eine Lehre zur Einzelhandelskauffrau begonnen. Damals gab es typische Männer- und Frauenberufe. Mein Beruf war zu der Zeit typisch weiblich. Andere weibliche Berufe waren Friseuse, Verkäuferin und Haushaltshilfe. Im ersten Lehrjahr habe ich 39 D-Mark verdient, im zweiten 45 D-Mark und im dritten 60 D-Mark. Bei der Arbeit wurden wir nicht geschont. Früher fragte keiner nach der Arbeitszeit. Es musste alles gemacht werden: Putzen, aufräumen, auffüllen, einkochen, abfüllen. Manchmal zehn Stunden am Tag. Was Disziplin und Ordnung betraf, waren es ganz andere Zeiten als heute. Wir hätten nie gewagt, Kritik zu üben. Heute gibt es ein Mitspracherecht.

Meine Lehrzeit betrug drei Jahre. Ich war „Mädchen für alles“. Manchmal musste ich um 5 Uhr morgens mit einem Dreirad-Auto „Tempo" zum Großmarkt. Abends wurde noch der Laden geputzt. Von 13 bis 15 Uhr war Mittagspause. Wir haben Alkohol, Weine und Liköre selbst abgefüllt. Die Flüssigkeiten wurden aus großen Ballons mit einem Schlauch abgesaugt und in Flaschen abgefüllt. Das sind wir manchmal ganz schön „Hacke" aus dem Keller gekommen.

Die Inhaber hatten auch sogenannte Kostgänger, zum Übernachten und Essen. Die musste ich manchmal auch versorgen und dort im Haushalt helfen. Nachmittags habe ich oft Ware mit dem Rad zu Kunden gebracht. Ab dem zweiten Lehrjahr habe ich die gesamte Buchhaltung für fünf Geschäfte gemacht – bis zum Abschluss. Ich habe manchmal große Wut gehabt.

Aber später hat es mir viel gebracht – im Leben und auch im Beruf. Es war eine schwere, aber schöne und bereichernde Zeit. Genau wie meine Kindheit. Ich war sehr traurig und hatte großes Heimweh nach meinem Dorf.

Mossenberg war klein – ohne Schule, ohne Kirche, trotzdem das Paradies für mich. Als wir in die Großstadt Duisburg zogen, war das für alle das Leben – für mich dagegen ein wehmütiger Abschied. Die Wohnung war zwar moderner, aber ich vermisste meine Tiere, meine Felder und Wälder, meine Freunde, meine Freiheit.

In Duisburg war es laut, die Straßenbahn ratterte vorm Haus. Man blickte auf große Chemiewerke, wenn man aus dem Fenster sah. Wo waren die Wolken, wo der blaue Himmel? Kein Vogelgesang, keine Schmetterlinge, kein Gras, auf dem man barfuß laufen konnte. Nur Rauch aus riesigen Kaminen, Krach und ein Geruch, der einem die Luft nahm. Und Heimweh nach meinem kleinen Paradies!

Helga (l.) mit ihrer Mutter und ihrer Schwester Gerda

Mit Kollegin Christa (r.) bei der Firma Heldt in Duisburg

Werner Maistrak,
Jahrgang 1933, aus Duisburg

WANDERJAHRE MIT DEM ZIRKUS

Durch einen Zufall bekam Werner Maistrak die Chance, als Trickreiter und Dressurassistent zu arbeiten.

Das hatte ich mir nie zu träumen gewagt, einige Jahre in einem Zirkus als Trickreiter und Dressurassistent zu arbeiten. Im Gegenteil, ich hatte noch nie einen Zirkus gesehen. Ich wollte lieber Schauspieler werden, doch es blieb beim Wunsch, denn die schulischen Voraussetzungen reichten nicht. Durch ständige Bombenangriffe, Ende des Krieges und Unterrichtsausfall kam ich nur auf siebeneinhalb Jahre Schule. Die Möglichkeit, eine weiterführende Schule zu besuchen, gab es nicht.

Mein Vater war schon seit 1944 in Russland verschollen und meine Mutter musste mich und meine jüngeren Geschwister in einer kleinen Notwohnung durchbringen. Lehrstellen gab es zu der Zeit nicht, ich arbeitete überwiegend auf einem Bauernhof. Durch Zufall lernte ich hier im Jahr 1951 einen Zirkusmann kennen. Er bot mir an, mich als Trickreiter und Dressurhelfer auszubilden. Mit Pferden umgehen und etwas reiten konnte ich schon. Mich lockte das Abenteuer und da auch meine Mutter einverstanden war, sagte ich zu.

Mit 18 Jahren begann jetzt mein neues Leben, das viele Höhepunkte, aber auch etliche Enttäuschungen für mich bereit hielt.

Von meinem neuen Arbeitgeber, Hans Straßburger, der aus einer der ältesten Zirkusfamilien stammte, wurde ich mit einem Auto (übrigens meine erste Fahrt in einem Pkw), in das Winterquartier seines großen Pferdebestandes abgeholt. Es befand sich auf einem alten Gutshof in der Nähe von Osnabrück. Hier lernte ich dann die Mitglieder der Dressur- und Reitergruppe „Hermanos" kennen. Wir verstanden uns sofort sehr gut und die ersten Tage lernte ich das doch andere Leben in und mit einer Familie kennen, die ihr ganzes Leben im Wohnwagen und jedes Jahr in einem anderen Zirkus verbracht hatte. Und so drehte sich auch alles nur um die neue Tournee, die in wenigen Wochen im Zirkus Williams in Köln beginnen sollte.

In einer Halle war eine große Manege aufgebaut und hier begann mein erster wirklicher Reitunterricht. Einen Sattel gab es nicht, sondern nur einen schmalen Gurt mit zwei Handschlaufen. Es dauerte etliche Tage, bis ich wirklich freihändig auf dem Pferd sitzen konnte. Dann begannen die Übungen der Trickfiguren auf dem galoppierenden Pferd, das für diese Reitart extra ausgebildet worden war. Bald konnte ich auf- und abspringen, auf dem Pferd liegen und auch freihändig stehen.

Meine Hauptaufgabe war es, auf zwei nebeneinander laufenden Pferden zu stehen, während andere Pferde mir entgegen kamen, die dann zwischen meinen Pferden durchlaufen mussten. Dabei hatte ich verschiedene Übungen auf meinen Pferden zu machen. Dazu wurde ich dann weiter als Dressurassistent ausgebildet. Hierbei musste ich einen großen Lederball so in die Luft werfen, dass dieser von den ausschlagenden Hinterhufen des Pferdes getroffen wurde und in die Zuschauer flog. So vergingen einige Wochen, bis die Tournee endlich los ging.

Unser erster Spielort war eine kleine Stadt in der Nähe der belgischen Grenze. Hier konnte ich sehen, mit welcher Perfektion so eine Zirkusstadt in wenigen Stunden aufgebaut wird. Abends strömten die Zuschauer in das Zelt. Ich habe noch nie so viel Herzklopfen gehabt wie zu dieser Zeit. Mein erster Auftritt war mit Bonni, unserem Fußballpferd. Zehnmal flog der große Ball ohne Fehler in die Zuschauer, die uns nach einem Tusch mit viel Beifall verabschiedeten. Nach der Raubtiervorführung waren wir mit unserer Trickreiterei dran. Der Schweiß lief mir in Strömen über den Rücken, aber alles lief wie einstudiert und zigmal geprobt ohne Pannen. Ich habe noch nie so viel Beifallklatschen gehört. Das war der Beginn eines neuen Lebensabschnitts, der mir sehr viel gegeben hat und den ich nicht vergessen werde oder bereut habe.

In den Jahren danach war ich unter anderem beim Cirkus Benneweis in Dänemark und beim weltberühmten Schweizer Nationalzirkus Knie – als Dressurassistent.

Als Artist „Goldino" bei einer Silvesterfeier in Bad Iburg

Bei der Pferdedressur im Schweizer Nationalzirkus Knie

BILDNACHWEIS

Bodemer, Ralph:	S. 52
Hartmann, Volker:	S. 10, 40, 42, 70, 78, 80, 110
Heidrich, Lars:	S. 22, 32, 34, 44, 86, 90, 96, 116
Joosten, Markus:	S. 60
Kempken, Heiko:	S. 28
Kitschenberg, Kai:	S. 24, 48, 84, 100, 104, 108
Kleine-Büning, Joachim:	S. 76
Kokoska, Kerstin:	S. 30
Lindekamp, Thorsten:	S. 56
Michels, Ulla:	S. 16, 66
Möller, Martin:	S. 12
Rottmann, Ralf:	S. 20
Schmies, Dana:	S. 18, 26, 118
Studnar, Jakob:	S. 58
Tomczak, Daniel:	S. 14, 50, 62, 72, 88, 94, 106, 114
Vahlensieck, Knut:	S. 46
von Born, Ulrich:	S. 64
Alle anderen Bilder:	privat